LA FAUSSE ANTIPATHIE,

COMÉDIE.

AVEC

Un Prologue, & la Critique de cette Piéce.

DEDIÉE A MESSIEURS

DE L'ACADÉMIE FRANÇOISE,

Par M. NIVELLE DE LA CHAUSSÉE.

Le prix est de trente sols.

A PARIS,

Chez PRAULT, Pere, Quay de Gêvres, au Paradis.

M. DCC. XXXIV.
Avec Approbation & Privilege du Roy.

A MESSIEURS
DE
L'ACADÉMIE
FRANÇOISE.

ESSIEURS,

Permettez-moi de mettre sous vos auspices, ces essais d'une Muse qui vous étoit déja dévoüée, & qui re-

EPISTRE.

connoît ne devoir attribuer ses succès qu'a vous seuls, c'est un témoignage public qu'elle doit aux bontés & aux secours qu'elle a reçus des Illustres Amis que son bonheur lui a procurés parmi vous. Oüi, Messieurs, la seule reconnoissance fera tout le prix de l'hommage que vous rend un de vos nourrissons ; c'est en cette qualité, que j'ose vous offrir un tribut que vous m'avez aidé à vous payer ; c'est le fruit de vos leçons que je vous présente & dont je vous rends graces. Je suis avec un très-profond respect,

MESSIEURS,

Votre très-humble & très-obéïssant serviteur,
NIVELLE DE LA CHAUSSE'E.

APPROBATION.

J'Ai lû par l'ordre de Monseigneur le Garde des Sceaux, un Manuscrit intitulé, *la fausse Antipathie*, Comedie; je crois qu'elle mérite d'être imprimée, & qu'elle plaira autant par les mœurs, que par le stile. Fait à Paris le 17. Mars 1734.
Signé, DANCHET.

PRIVILEGE DU ROY.

LOUIS, par la grace de Dieu, Roi de France & de Navarre. A nos amés & féaux Conseillers les Gens tenans nos Cours de Parlement, Maîtres des Requêtes ordinaires de notre Hôtel, Grand Conseil, Prevôt de Paris, Baillifs, Sénéchaux, leurs Lieutenans Civils, & autres nos Justiciers qu'il appartiendra, SALUT. Notre bien amé le Sieur NIVELLE DE LA CHAUSSE'E, Nous ayant fait remontrer qu'il auroit composé un Ouvrage qui a pour titre, *la Fausse Antipathie, avec la Critique & l'Epitre de Clis*, qu'il souhaiteroit faire imprimer & donner au Public, s'il Nous plaisoit lui accorder nos Lettres de Privilege sur ce necessaires; offrant pour cet effet de le faire imprimer en bon papier & beaux caracteres, suivant la feüille imprimée & attachée pour modele sous le contre-Scel des presentes. A CES CAUSES, voulant favorablement traiter ledit Exposant, Nous lui avons permis & permettons par ces presentes, de faire imprimer ledit Livre ci-dessus specifié, en un ou plusieurs volumes, conjointement ou separément, & autant de fois que bon lui semblera, sur papier & caracteres conformes à ladite feüille imprimée & attachée sous notredit contre-scel, & de le faire vendre & débiter par tout notre Royaume, pendant le tems de *six* années consécutives, à compter du jour de la datte desdites Presentes. Faisons défenses à toutes sortes de personnes de quelque qualité & condition qu'elles soient, d'en introduire d'impression étrangere dans aucun lieu de notre obeïssance; comme aussi à tous Libraires, Imprimeurs & autres, d'imprimer, faire imprimer, vendre, faire vendre, debiter ni contrefaire ledit Livre ci-dessus exposé, en tout ni en partie, ni d'en faire aucuns extraits, sous quelque prétexte que ce soit, d'augmentation, correction, changement de titre ou autrement, sans la permission expresse & par écrit dudit Exposant, ou de ceux qui auront droit de lui, à peine de confiscation des Exemplaires contrefaits, de quinze cens livres d'amende contre chacun des contrevenans ; dont un tiers à Nous, un tiers à l'Hôtel-Dieu de Paris, l'autre tiers audit Exposant, & de tous dépens, dommages & interêts ; à la charge que ces présentes seront enregistrées tout au long sur le Registre de la Communauté des Libraires & Imprimeurs de Paris, dans trois mois de la datte d'icelles ; que l'impression de ce Livre sera faite dans notre Royaume & non ailleurs ; & que l'impetrant se conformera en tout aux Reglemens de la Librairie, & notamment à celui du 10 Avril 1725. & qu'avant que de l'exposer en vente, le Manuscrit ou Imprimé qui aura servi de copie à l'impression dudit Livre, sera remis dans le même état où l'Approbation y aura été donnée, ès mains de notre très-cher & féal Chevalier Garde des Sceaux de France le Sieur Chauvelin ; & qu'il en sera ensuite remis deux Exemplaires dans notre Bibliotheque publique, un dans celle de notre Château du Louvre, & un dans celle de notre très-cher & féal Chevalier Garde des Sceaux de France le Sieur Chauvelin ; le tout à peine de nullité des présentes. Du contenu desquelles vous mandons & enjoignons de faire joüir l'Exposant ou ses ayans cause, pleinement & paisiblement, sans souffrir qu'il lui soit fait aucun trouble ou empêchement. Voulons que la copie desdites présentes, qui sera imprimée tout au long au commencement ou à la fin dudit Livre, soit tenuë pour duëment signifiée, & qu'aux copies collationnées par l'un de nos amés & féaux Conseillers & Secretaires, foi soit ajoûtée comme à l'original. Commandons au premier notre Huissier ou Sergent de faire pour l'execution d'icelles, tous Actes requis & nécessaires, sans demander autre permission, & nonobstant clameur de Haro, Charte Normande & Lettres à ce contraires : CAR tel est notre plaisir. DONNÉ à Versailles le vingt-neuviéme jour du mois de Mars, l'an de grace mil sept cens trente-quatre, & de notre Regne le dix-neuviéme. Par le Roy en son Conseil, *Signé*, SAINSON. Et scellé du grand Sceau de cire jaune. Et au dos est écrit :

Registré sur le Registre VIII. de la Chambre Royale & Syndicale de la Librairie & Imprimerie de Paris, N°. 689. Folio 692. conformement au Reglement de 1723. qui fait défense, Art. IV. à toutes personnes de quelque qualité qu'elles soient, autres que les Libraires & Imprimeurs, de vendre, débiter & faire afficher aucuns Livres, pour les vendre en leurs noms, soit qu'ils s'en disent les Auteurs ou autrement, & à la charge de fournir les Exemplaires prescrits par l'Article CVIII. du même Reglement. A Paris le premier Avril 1734.
Signé, G. MARTIN, Syndic.

LA FAUSSE
ANTIPATHIE,
COMÉDIE.

ACTEURS DU PROLOGUE.

LE GENIE de la Comédie Françoise.

LA FOLIE.

LE BON SENS.

Le Public. { UN BOURGEOIS.
UNE PRE'CIEUSE.
UN ADMIRATEUR.
UN CRITIQUE.
UN PETIT MAISTRE.
UN HOMME SENSE'.

THALIE.

La Scene est sur le Théatre de la Comédie Françoise.

PROLOGUE.

SCENE PREMIERE.

LE GENIE de la Comédie Françoise, *seul.*

ON ne se plaindra plus que je suis indocile.
Sur le goût du Public je vais être éclairci :
Lui-même, il m'apprendra ce secret difficile....
Que vois-je ? La Folie & le Bon Sens aussi !

SCENE II.

LE GENIE, LA FOLIE, LE BON SENS.

LA FOLIE.
SI je n'étois pas la Folie,
Oh! Je voudrois être Thalie :
Son projet est digne de moi.
LE GENIE.
Voulez-vous bien me dire en quoi ?

A ij

LA FOLIE.
Ah ! L'extravagance est complette.
LE GENIE.
Si vous ne daignez pas vous en expliquer mieux...?
LA FOLIE.
Comment ? Vous ajournez le Public en ces lieux ;
Pour le mettre sur la sellette ;
Et lui faire avoüer en quoi, comment, par où,
On peut le contenter ? Eh ! Mais rien n'est plus fou.
Demander au Public le secret de lui plaire !
Vous allez bien l'embarrasser.
LE GENIE.
Vous m'étonnez. Puis-je mieux faire ?
A qui faut-il donc m'adresser ?
LA FOLIE.
A tout autre. Sçait-il ce qu'il veut, ce qu'il aime,
Lui, qui ne fut jamais d'accord avec lui-même ?
Ne lui demandez pas ce qu'il n'a jamais sçu.
Ce qui le détermine est toujours imprévu :
Le Caprice est son guide & sa loi naturelle :
Son goût est pour lui-même une énigme éternelle.
LE BON-SENS.
Le Public n'est pas tel que vous le dépeignez ;
Du moins, le véritable : & vous vous méprenez.
LA FOLIE.
Qu'appellez-vous le véritable ?
Combien en comptez-vous ?
LE BON-SENS.
Autant qu'il est de gens ;

PROLOGUE.

Dont les goûts sont entr'eux plus ou moins différens,
Le moindre cercle usurpe un nom si respectable ;
C'est-là qu'un suffisant décide à tout hazard,
Suivant les préjugés, les goûts, & les usages
De tous ces différens & faux Aréopages,
Chaque Société forme un Public à part :
Mais il en est un autre ; & c'est le véritable,
Le moins nombreux de tous, & le plus redoutable,
Qui sçait ce qui lui plait, qui sçait ce qu'il lui faut,
Qui, tous les jours ici, le déclare assez haut.
N'attendez pas de lui ces loüanges frivoles,
Ces ris contagieux, ces éclats indécens ;
Enfans de l'ignorance, ennemis du bon sens,
Qu'excite tous les jours aux Piéces les plus folles
Un premier mouvement qui ne se soûtient pas.
Sa joye & ses plaisirs ne sont point un délire,
Un accès passager qui n'a qu'un faux appas :
Il ne rougit jamais de ce qui l'a fait rire ;
Ce Public m'appartient, les autres sont à vous.

LA FOLIE.

Bon sens, vous radottez. Ils m'appartiennent tous,
De quel droit venez-vous ici me tenir tête ?

LE BON-SENS.

Ou par droit naturel, ou par droit de conquête.

LA FOLIE.

Vous allez discourir, & m'ennuyer à mort.
Eh, que m'importe, à moi, d'avoir raison, ou tort ?
Ici la préséance entre nous est réglée.

LA FAUSSE ANTIPATHIE;
LE BON-SENS.
Ne vous lassez-vous point de vous y voir sifflée ?
Vous l'êtes tous les jours ; jamais je ne le fûs.
LA FOLIE.
On m'aime ; & l'on vous craint : Voilà la différence;
Lorsque vous paroissez, on bâille ; & rien de plus.
Ah! Je ressens déja l'effet de sa présence.

(*Elle bâille.*)

Oh! Vous allez jouer un rôle fort plaisant.
LE BON-SENS.
On va plaider ma cause, & j'y serai présent.
LA FOLIE.
Tant pis.
LE BON-SENS.
Peut-être.

PROLOGUE.

SCÈNE III.

LE GENIE, LA FOLIE, LE BON-SENS; UNE PRÉCIEUSE, UN BOURGEOIS, UN CRITIQUE, UN ADMIRATEUR, UN HOMME SENSÉ.

(Ils font tous amitié au Bon-Sens.)

LE CRITIQUE, *careſſant le Bon-Sens.*
(à la Folie.)

AH ! Serviteur, Déeſſe.
LA FOLIE.
D'où vient donc que ces Gens lui font tant de careſſe ?
LE CRITIQUE, *au Bon-Sens.*
Ah ! Parbleu, mon Patron, je vous ſers aſſez bien,
Envers & contre tous ; je ne ménage rien.
Vous êtes ce que j'ai de plus cher dans le monde.
Sans ceſſe, à tout propos, je critique, je fronde.
Malheur à tous les ſots, y compris les Auteurs ;
Sans compter leurs Admirateurs ;
(Il fait une révérence à l'Admirateur.)
Quand, ſuivant leur coûtume, ils vous font quelque outrage,
Ventrebleu ! je m'éleve, & contre eux je fais rage.
LE BON-SENS.
Je vous ſuis obligé. Mais loin de me ſervir,

A iiij

LA FAUSSE ANTIPATHIE;

Si vous continuez, vous me ferez haïr.

LA PRE'CIEUSE.

Le sexe dont je suis ne vous rend guére hommage ;
Mais je déroge à notre usage,
Et mets en non-valeur ma dispense avec vous.
Je veux bien vous devoir mes charmes les plus doux.

L'ADMIRATEUR.

Madame fait valoir la moindre bagatelle.
Personne, en vérité, ne s'exprime comme elle.

LE CRITIQUE.

Tant pis, morbleu.

LA FOLIE.

Voyons ; ce n'est pas d'aujourd'hui
Que je vois les plus foux se réclamer de lui.

LE BOURGEOIS, au Bon-Sens.

Touchez-là, notre ami ; je suis aussi le vôtre.
Demandez à ma femme, à qui, soir & matin,
Je vous prône sans cesse ; & c'est, comme dit l'autre,
Perdre son tems & son latin.

LE GENIE.

Vous sçavez l'embarras que mon emploi me donne ;
Je suis chargé du soin de vos amusemens.
Je voudrois, s'il se peut, ne déplaire à personne ;
Et réünir enfin vos applaudissemens.
Donnez-m'en le secret ; vous le sçavez ?

TOUS.

Sans doute;

PROLOGUE.
LE GENIE.
Convenez entre vous ; déterminez ma route ;
Et vous ferez servis au gré de vos désirs.
Dites-moi votre goût ; ordonnez vos plaisirs.
LA FOLIE.
Qui, mieux que moi, peut vous le dire?
N'est-ce pas moi qui les inspire?
LE BOURGEOIS.
Or sus, pour commencer, tout d'abord je conclus
Que la meilleure Piéce est où l'on rit le plus.
Pour moi, la plus joyeuse est celle où je me livre.
Du reste, serviteur ; je m'ennuye en entrant ;
Et fût-elle un chef-d'œuvre, & propre à faire un livre,
Malgré-moi, ventrebleu, je bâille, en admirant.
L'ADMIRATEUR.
Oüi, j'aimerois assez une Piéce égayée.
LE BOURGEOIS.
En un mot, j'aime à rire, à gorge déployée.
LA PRÉCIEUSE.
Est-ce qu'on rit encore ?
LE BOURGEOIS.
Est-ce qu'on ne rit plus ?
Vous me la donnez belle ! Et, par quelle avanture..;
LA PRÉCIEUSE.
La joye est tombée en roture.
LE BOURGEOIS.
Et le Bon-Sens aussi, Je m'en moque. Au surplus ;

LA FAUSSE ANTIPATHIE;

Je veux rire; ou, sambleu! je prendrai ma revanche.
Monsieur l'Ordonnateur, adieu, jusqu'à Dimanche.

SCENE IV.

LE GENIE, LA FOLIE, LE BON-SENS,
LA PRE'CIEUSE, LE CRITIQUE,
L'ADMIRATEUR, L'HOMME SENSE'.

LE BON-SENS.

Et d'un Public.

LA FOLIE.

Eh bien? Celui-là par hazard
N'est-il point à vous?

LE BON-SENS.

Non: je n'y prends point de part.

LA FOLIE.

Ainsi du reste.

(*Au Critique.*)

A vous, caustique impitoyable,

LE GENIE.

Dites-nous votre avis. Que trouvez-vous de bon?

LE CRITIQUE.

Rien.

LE GENIE.

Rien?

PROLOGUE.
LE CRITIQUE.
Oüi, rien de bon, ni même de paſſable.
LE GENIE.
Vous ne loüez donc jamais?
LE CRITIQUE.
Non;
Je n'en eus de mes jours la ſotte complaiſance.
LE GENIE.
Quoi? Vous n'approuvez rien?
LE CRITIQUE.
Je n'ai jamais été
Réduit à cette extrêmité :
Et pour n'y pas tomber, je blâme tout, d'avance.
Le titre de l'Ouvrage, & le nom de l'Auteur,
Suffiſent pour cela, quand on eſt connoiſſeur.
C'eſt le Bon-Sens qui fait que jamais je ne loüe.
LE BON-SENS.
Moi? Soyez aſſûré que je vous déſavoüe.
Je n'approuvai jamais cette extrême rigueur
Que l'on exerce autant par air, que par humeur.
Mais au contraire, je me prête
En faveur des beautés, je fais grace aux défauts.
Trop de délicateſſe eſt ſouvent indiſcrette.
Un dégoût général déſigne un eſprit faux.
Qui n'eſt jamais content, n'eſt pas digne de l'être.
Tel épluche un Ouvrage, en croyant s'y connoitre;
Et trouve des défauts par tout,
Qui ne ſont bien ſouvent que dans ſon propre goût;

LA FAUSSE ANTIPATHIE;
LE CRITIQUE.
Ah! Vous êtes trop bon.
LE GENIE.
Et vous, trop intraitable.
Je n'ai rien à vous demander.
LE CRITIQUE.
Cependant je puis vous aider
A donner un spectacle un peu moins détestable;
Je connois le Public. Il est malin, cruel;
Il aime à voir couler la bile avec le fiel.
Quittez tout autre goût; embrassez la critique;
Armez-vous de ses traits; devenez satyrique.
Ce genre a trouvé du crédit;
On l'a rendu facile: Il y faut moins d'esprit.
LE BON-SENS.
La Critique, autrefois moins âpre & moins amére;
Instruisoit les Auteurs, sçavoit les redresser;
Comme on voit une tendre mere
Corriger des enfans qu'elle craint de blesser.
Alors, elle pouvoit briller sur le Théatre :
Mais son utilité n'a pas duré long-tems;
Ce n'est plus aujourd'hui qu'une affreuse marâtre,
Qui dès le berceau même étouffe ses enfans.
LA FOLIE.
Vous voulez supprimer le plaisir de médire?
LE CRITIQUE.
Qu'importe que l'on nuise aussi-tôt qu'on fait rire?
Tombez sur ce peuple d'Auteurs,

PROLOGUE.

A qui l'appas du gain & la fainéantise
Font apporter ici sottise sur sottise,
Dont ils sçavent trop bien empaumer les acteurs;
Aidez-les à se faire une guerre cruelle;
Empoisonnez encor leur haine mutuelle,
Et la rage qu'ils ont à s'entre-déchirer;
N'épargnez à pas un la plus forte satyre;
Fust-ce même Apollon. Le Public aime à rire
De ceux que tous les jours on lui voit admirer.

LE GENIE.
En suivant votre avis . . . .
LE CRITIQUE.
Vous ne pouvez mieux faire.
LE GENIE.
Je serai donc sûr de vous plaire?
LE CRITIQUE.
Point du tout. Quant à moi, ce que je vous en dis,
C'est pour votre profit. Jamais je n'applaudis.

SCENE V.

LE GENIE, LA FOLIE, LE BON-SENS, LA PRE'CIEUSE, L'ADMIRATEUR, L'HOMME SENSE'.

L'ADMIRATEUR.

CEtte guerre d'Auteurs auroit bien son mérite.

LA PRE'CIEUSE.

Vous moquez-vous des Spectateurs ?
Quoi ? Nous aurons toujours des bisbilles d'Auteurs ?
Ces Sujets sont trop bas. Le Public vous en quitte,
Génie, élevez-vous à des objets plus grands.
Prenez le ton philosophique ;
Ajustez la Métaphysique
A l'usage du sexe & des honnêtes-gens ;
Pour la mettre à portée, ôtez-lui ses échasses :
Mais ne lui donnez pas des allures trop basses.
Ayez le badinage abstrait & clair-obscur,
Toujours enveloppé d'un tendre crépuscule.
Faites-vous deviner, vous plairez à coup sûr.
Ayez pour votre langue un peu moins de scrupule ;
Osez-en disposer comme de votre bien :
Pour dire ce qu'on veut, c'est l'unique moyen.
D'heureuses libertés sont bien récompensées.
Soyez maniéré dans vos réfléxions,

PROLOGUE.

Et toujours imprévû dans vos expressions.
Agencez votre style à l'air de vos pensées.

L'ADMIRATEUR, *battant des mains.*
A miracle !

LE BON-SENS.
Monsieur entend apparemment
Ce Jargon-là tout couramment ?

L'ADMIRATEUR.
J'imagine l'entendre, ou du moins je l'admire.

LA FOLIE.
Hé ! Mais rien n'est plus clair. Je ne pourrois mieux dire.

(*Au Bon Sens.*)
Oh ! Vous haussez l'épaule à tout ce que l'on dit.
Ce langage n'est pas le vôtre :
C'est celui de l'esprit. Quiconque en parle un autre
Encanaille à la fois sa langue & son esprit.

LE GENIE, *Au Bon-Sens.*
Donnerons-nous encor dans ce tatillonnage ?

LE BON-SENS.
La nouveauté du genre a d'abord ébloüi ;
Mais le charme est évanoüi.
La raison a repris son ancien langage ;
Et c'est celui de vos ayeux :
Il doit être pour vous aussi bon que pour eux.

LA PRÉCIEUSE.
J'en appelle.

16　LA FAUSSE ANTIPATHIE;
　　　　.LE GENIE.
　　　A qui donc?
　　　LA PRECIEUSE.
　　　　　　Au bon fens.
　　　LE GENIE.
　　　　　　　　C'eſt lui-même
Qui vient de décider.
　　　　LA PRECIEUSE.
　　　　　　　　Votre erreur eſt extrême.
Je m'y connois : ce n'eſt plus lui.
Iſméne ouvre, ce ſoir, ſon cercle académique;
On doit en ma faveur y relire aujourd'hui
Une Piéce d'un goût Métaphyſi-comique;
C'eſt de l'eſprit tout pur, paſſé par l'Alambic,
　　　Trop fin pour le goût du Public;
Lebon-ſens; mas je dis le bor-ſens véritable.
　　　　LE BON-SENS.
　　　Vous verrez que nous ſommes deux.
　　　　LA FOLIE.
Autant que de Publics; cela n'eſt pas douteux.
　　　　LA PRECIEUSE.
Il y ſera, vous dis-je, & ce Juge équitable
Approuvera mon goût, & me rendra raiſon
De l'accüeil ſi bourgeois qu'on me fait en ſon nom?

　　　　　　　　　　　　　SCENE.

SCENE VI.
LE GENIE, LA FOLIE, LE BON-SENS, L'ADMIRATEUR, L'HOMME-SENSE'.

LE BON-SENS.
LA bonne connoisseuse !

LA FOLIE.
Allez, ma chere amie ;
J'aurai soin de me rendre à votre Académie.

L'ADMIRATEUR.
Pour moi, l'on satisfait aisément mes désirs.
Je suis de tous les goûts & de tous les plaisirs.
J'ai pour tous les Auteurs une estime infinie :
Je ne sifflai jamais aucun d'eux de ma vie.
Tout homme qui s'adonne à divertir autrui,
Mérite que l'on ait un peu d'égard pour lui.
Aussi malgré ma femme, & ses façons maussades,
  J'en ai toujours sans vanité
  Chez moi deux ou trois accolades,
A l'heure du dîner, pour leur commodité,
  Mon cuisinier fait des merveilles.
Ces Messieurs, à leur tour, enchantent nos oreilles;
Ainsi. . . . .

LE GENIE.
De vos avis on se passera bien,
Quiconque admire tout, ne se connoît à rien.

B

SCÈNE VII.

LE GENIE, LA FOLIE, LE BON-SENS,
L'HOMME-SENSÉ, LE PETIT-MAISTRE.

LE PETIT-MAISTRE.

Je viens tard; excusez. Je me sauve au plus vite.
(*A la Folie.*)
Déesse, vous voilà! Je vous en félicite.
Je vous trouve par tout où l'on trouve quelqu'un;
(*montrant le Bon-sens.*)
Quel est ce visage importun?
Je n'ai vû sa figure en aucun lieu du monde.
Cela sent son Poëte une lieuë à la ronde.

LA FOLIE.
C'est toute une autre espece, un Estre de raison;

LE BON-SENS.
Avec qui vous n'aurez jamais de liaison.

LE PETIT-MAISTRE.
Qu'on nomme?

LA FOLIE.
Le bon sens.

LE PETIT-MAISTRE.
Oüi, je me le rappelle;

LE BON-SENS.
C'est du plus loin.

PROLOGUE.
LE PETIT-MAISTRE.

Quelle nouvelle ?
Hé bien ? Qu'a-t-on conclu ?

LE GENIE.

Rien encore entre nous.

LE PETIT-MAISTRE.

Qu'attend-on ?

LE GENIE.

Votre avis.

LE PETIT-MAISTRE.

Soit.

LE GENIE.

D'abord, aimez-vous?...

LE PETIT-MAISTRE.

Beaucoup.

LE GENIE.

La Comedie ?

LE PETIT-MAISTRE.

Oüi, quand elle est meublée.

LE GENIE.

Qui vous la fait aimer ?

LE PETIT-MAISTRE.

Le monde, & l'assemblée.

LE GENIE.

Mais...

LE PETIT-MAISTRE.

Le monde se cherche, & je le cherche aussi.

LE GENIE.

C'eſt-là tout ce qui peut vous attirer ici?

LE PETIT-MAISTRE.

Oüi, l'affluence eſt tout ce qui m'eſt néceſſaire;
Je jette, en arrivant, un coup d'œil circulaire.
Nous ne valons qu'autant que nous nous faiſons voir;
  Si quelque femme d'importance,
Fiére d'être à la Cour un peu ſur le trotoir,
  Veut éluder ma révérence,
Je me fais un plaiſir d'abaiſſer ſon orgüeil
Juſqu'à me ſaluer: Je fais la guerre à l'œil,
Je la tiens en arreſt, & je m'opiniâtre
Tant, qu'au milieu d'un Acte enfin l'on m'apperçoit;
Je me leve, on me rend le ſalut qu'on reçoit ;
  Cela fait un coup de théatre.

LE GENIE.

Et la Piéce?

LE PETIT-MAISTRE.

   Elle va ſon train, & moi, le mien;

LE GENIE.

  Sans qu'elle vous occupe en rien?
Car vous n'êtes pas homme à prendre la fatigue
D'entrer dans des détails, & d'en ſuivre l'intrigue;

LE PETIT-MAISTRE.

L'intrigue! Ah! Palſambleu, l'Auteur peut arranger
La ſienne pour le mieux. J'ai la mienne à ſonger.
Avant qu'on ſoit au fait des nouvelles courantes,
Que l'on ait décliné vingt femmes différentes,

PROLOGUE.

A qui, de loge en loge, on va faire fa cour;
Et qu'on ait au foyer été faire fon tour,
La Piéce eſt aux abois; le dernier Acte expire.

LE GENIE.

Et vous jugez alors?...

LE PETIT-MAISTRE.
     Définitivement.

LE GENIE.

 Mais encor, que pouvez-vous dire?

LE PETIT-MAISTRE.

Ma déciſion roule alternativement
Sur ces deux mots.....

LE GENIE.
   Qui font?

LE PETIT-MAISTRE.
     Divin, ou déteſtable;
Et ſouvent le dernier eſt le plus véritable.

LE GENIE.

Ah! Je vous reconnois pour être d'un pays,
Où d'abord on ſçait tout, ſans avoir rien appris;

LE PETIT-MAISTRE.

 Enfin, les ſpectacles que j'aime,
 Sont ceux où la preſſe eſt extrême.

LE GENIE.

Pour l'attirer ici, ſçavez-vous un moyen?

LE PETIT-MAISTRE.

Parbleu, rien n'eſt plus ſimple.

LA FAUSSE ANTIPATHIE;

LE GENIE.

Hé bien?

LE PETIT-MAISTRE.

Les nouveautés font toujours belles.
Sans vous embarrasser du choix,
Ne nous donnez jamais que des Pièces nouvelles;
Affichez-les d'abord pour la derniere fois;
Prenez double, rendez vos plaisirs impayables;
Exceptez le Parterre : Il pourroit au surplus
Vous envoyer à tous les Diables.
C'est du reste à quoi je conclus.

SCENE VIII.

LE GENIE, LA FOLIE, LE BON-SENS,
L'HOMME-SENSÉ.

LA FOLIE.

Voilà bien des Publics qui passent en revûë.
Vous voyez qu'à la ville aussi-bien qu'à la cour,
Vous n'étrennerez pas, si cela continuë.

LE BON-SENS.

Peut-être que j'aurai mon tour.

LE GENIE *à l'Homme-Sensé.*

Passons à vous, Monsieur.

L'HOMME-SENSÉ.

Moi, sur cette matiére

PROLOGUE.

Je n'ai qu'un foible usage, & fort peu de lumiere.
Je pourrois me tromper.

LA FOLIE.

                        C'en est le pis-aller,
Cela ne doit jamais empécher de parler.
Comment ? Vous rougissez ?

L'HOMME-SENSÉ.

                      J'ai lieu d'être timide.

LA FOLIE.

On pense mal des gens qui n'osent dire un mot.

LE BON-SENS.

Souvent il n'en faut qu'un pour passer pour un sot.

LA FOLIE.

Bon, bon, dites toujours.

L'HOMME-SENSÉ.

                      Jamais je ne décide.

LA FOLIE.

Peut-on s'en empécher ?

L'HOMME-SENSÉ.

                      J'écoute ce qu'on dit;
Et je tâche au surplus de le mettre à profit.

LE BON-SENS.

(à part.)

Cet homme, par hazard, seroit-il raisonnable ?
J'aime sa retenuë, & sa timidité.
Quand on compte si peu sur sa capacité,
On ne dit jamais rien qui ne soit convenable.

LA FAUSSE ANTIPATHIE,

L'HOMME-SENSÉ.

Je vais, puisque vous l'exigez,
Dire à peu près ce que je pense:
Mais ce sera sans conséquence.
Ce ne sont que des préjugés.

LE GENIE.

Sur le théatre, enfin, que faut-il vous produire?

L'HOMME-SENSÉ.

Je cherche à m'amuser ; encor plus à m'instruire.

LA FOLIE.

A s'instruire ! Cet homme est de mauvaise foi.

L'HOMME-SENSÉ.

Le vrai, le naturel ont des charmes pour moi.
Renvoyez aux Forains ces folles rapsodies,
Que l'on veut bien nommer du nom de comedies;
Qu'on ne voit qu'une fois, que jamais on ne lit,
Où l'esprit & le cœur ne font aucun profit.
Quoi ? Nous aurons toujours des farces surchargées?
Une intrigue cousuë à des Scénes brochées?
Des suppositions, des caracteres faux,
Absurdes, indécens, chargés outre mesure;
Des portraits inventés, dont jamais la nature
    N'a fourni les originaux?

    Hé quoi ? Dans le siecle où nous sommes,
Quelle nécessité d'imaginer des hommes !
De pousser leur folie au suprême dégré !
C'est assez des travers que chacun d'eux se donne:
Peignez-les tels qu'ils sont. Un ridicule outré

Fait

Fait rire, & cependant ne corrige personne;
Je m'explique peut-être avec témérité.
Bien d'autres cependant osent penser de même,
Toutefois je n'en tire aucune autorité.
A vos décisions, je soumets mon systême.

SCENE IX.

LE GENIE, LA FOLIE, LE BON-SENS.

LE BON-SENS.

AH! Je le reconnois à ce discours sensé.
Le voilà ce Public que j'avois annoncé;
A qui par préférence, il faut chercher à plaire.
LE GENIE.
Que ne m'est-il permis d'y borner tous mes soins?
LA FOLIE.
Lui? C'est un franc Visionnaire,
Et, de tous les Publics, celui qui vaut le moins;
Car il est sérieux. Avec la multitude
On ne gagne souvent que de l'incertitude.
Mais j'ai pitié de vous. Je serai votre appui.
Laissez-moi sur la Scene un souverain empire;
Sur-tout que le Bon-Sens pour jamais se retire:
Je ne veux rien avoir à débattre avec lui.
A ce prix, j'entreprends d'entretenir Thalie,
Et Melpoméne encor, par-dessus le marché.

C

LE GENIE.

Je ne puis. Au Bon-Sens je suis trop attaché.
Mais souffrez qu'avec lui je vous réconcilie.
Cet accord vous convient, & seroit mon bonheur.

LA FOLIE.

Qui, moi ? Que je m'unisse avec un raisonneur.
Qui s'oppose sans cesse à mon heureux délire,
Dont le but est d'apprendre à se passer de rire ?
Un pédant, dont le front toujours chargé d'ennui,
Ecarte le plaisir qui vient s'offrir à lui ?
Le fléau de tous ceux qui deviennent sa proye,
Qui dispense à regret, & mesure la joye
  Que je répands à pleines mains ?
Ce ridicule accord déplairoit aux humains.

LE GENIE.

Vous vous corrigerez tous les deux l'un par l'autre.

LA FOLIE.

Entre nous, en un mot, il faut se déclarer.

LE GENIE.

 Je n'oserois vous séparer.
Son secours m'est utile, & j'ai besoin du vôtre.

LA FOLIE.

Hé bien ? Eprouve donc sa persécution,
Insensé ; je te livre à sa direction.
Bientôt tes spectateurs aussi froids que des ombres,
Encor plus ennuyés que des Mânes plaintifs,
  Epars sur les rivages sombres,
Rappelleront ici les plaisirs fugitifs :

J'aurai conduit ailleurs leur folâtre cohorte.
     A commencer dès aujourd'hui,
Ce lieu va devenir le temple de l'ennui.
Tu finiras par mettre écriteau sur la porte.

SCENE X.

LE GENIE, LE BON-SENS.

LE GENIE.

CEtte prédiction pourroit bien s'accomplir;
     Je crains qu'elle aille s'établir.....
LE BON-SENS.
Laissez, laissez aller cette folle immortelle;
     On peut ici se passer d'elle.
Vous ne manquerez pas de prodiges nouveaux.
Plus d'un vrai nourrisson des filles de mémoire
Pour quelque tems encore assûrent votre gloire;
Si ce n'est pas assez, ils auront des rivaux.
J'en sçai qui n'ont besoin que d'un peu plus d'audace;
     Et je vais les encourager.

SCENE XI.

LE GENIE *seul.*

JE suis au dépourvû. Que faut-il que je fasse ?
La Folie en tout tems, est bonne à ménager.

SCENE XII.

THALIE, LE GENIE.

LE GENIE.

DEesse, vous voyez mon embarras extrême.
THALIE.
Oüi, le Public n'est pas d'accord avec lui-même.
LE GENIE.
J'ai reçû vingt avis tous différens entr'eux :
Un seul m'a paru bon ; mais il est dangereux.
THALIE.
Il faut pourtant le suivre.
LE GENIE.
    Où prendrez-vous des piéces ?
THALIE.
Le Bon-Sens t'a promis ses soins officieux.
LE GENIE.
Oüi : mais en attendant l'effet de ses promesses,

PROLOGUE.

Je n'ai rien à donner.
THALIE.
Eh bien ? Faute de mieux,
Prends cette comédie.
(Lui présentant un manuscrit.)
LE GENIE.
Est-ce une bonne aubeine ?
THALIE.
C'est l'essai d'un Auteur que je connois à peine.
LE GENIE.
Tant pis.
THALIE.
Au bas du Pinde on m'a fait ce present.
LE GENIE.
Si ç'en est un.
THALIE.
Peut-être. Et je n'ose à present
Jurer de rien, en fait d'ouvrage,
Le Public qu'on prévient, refuse son suffrage.
Entre nous, celui-ci me paroît hazardeux.
Je ne sçai ; j'y voudrois une fable mieux faite,
Un peu plus de comique, & l'intrigue plus nette.
LE GENIE.
Allons, prenons toujours ; les tems sont malheureux.

Fin du prologue.

LA FAUSSE
ANTIPATHIE,
COMÉDIE.

ACTEURS DE LA COMÉDIE.

LEONORE.

DAMON, amant de Leonore.

GERONTE, oncle de Leonore.

ORPHISE, femme de Geronte.

FRONTIN, valet de Damon.

NERINE, suivante de Leonore.

La Scene est dans une maison de campagne de Geronte.

LA FAUSSE ANTIPATHIE,
COMÉDIE.

ACTE PREMIER.
SCENE PREMIERE.
FRONTIN, NERINE.

NERINE.

ON maître & ma maîtresse auroient bien dû s'aimer..
C'est lui ....
FRONTIN.
C'est elle ...
NERINE.
Quoi?

FRONTIN.
                      Qui devoit l'enflammer.
Leonore a toujours une mélancolie
Qui lui fait bien du tort. L'amour fuit la folie.
On veut qu'une maitreffe ait l'air vif, femillant ;
Un peu moins de bon fens, un peu plus de brillant ....
NERINE.
Un fou cherche une folle, & la trouve de refte.
L'état de Leonore eft cruel & funefte.
Frontin, toute fa vie, eft ....
FRONTIN.
                           Défiez-vous-en ;
L'hiftoire d'une femme eft toujours un roman.
NERINE.
Oüi. Le fien commença par un fot mariage.
Ce ne fut point l'amour qui la mit en ménage,
Et jamais on n'en eut un dépit plus mortel.
Il falut obéïr, & marcher à l'autel :
Mais, en fortant du temple, un jeune téméraire,
A qui, fans le fçavoir, elle avoit trop fçu plaire,
Furieux de la perdre, attaqua fon époux,
L'obligea de fe battre, & tomba fous fes coups.
Pour dérober fa tête à l'injufte pourfuite
D'un ennemi puiffant cet epoux prit la fuite.
Leonore auffitôt faifit fa liberté ;
Et s'enfuit en fecret dans un cloître écarté,
Sous ce nom inconnu qu'elle conferve encore.
Que ne feroit-on pas pour füir ce qu'on abhorre ?

COMEDIE. 35

Sa mere, mais trop tard, en mourut de regret.
Géronte apprit enfin notre azyle secret,
Et vint nous apporter....
FRONTIN.
      Un brevet de veuvage ?
NERINE.
Oüi. Nous vîmes la fin d'un si long esclavage,
Cet oncle généreux nous retira chez lui.
FRONTIN.
Mais je ne vois point là tant de sujets d'ennui ;
Car Leonore est veuve, & dans le plus bel âge.
NERINE.
Douze ans d'absence ont mis tous ses biens au pillage,
C'est pour les recüeillir, ou du moins leurs débris,
Que Géronte est allé faire un tour à Paris.
S'il ne réussit pas dans ses justes poursuites,
Voi l'état malheureux où nous serons réduites.
Géronte a pour sa niéce une tendre amitié ;
Mais tu sçais qu'on ne peut vivre avec sa moitié.
Il le faudra, peut-être. Est-il enfer plus rude
Que d'être à la merci d'une maudite prude,
Toujours contente d'elle, & jamais du prochain,
Dont la vertu bruyante insulte au genre humain ?
Joint à l'humeur d'Orphise un sujet infaillible,
Qui la rendra pour nous encore plus terrible :
Elle a, d'un premier lit, une fille à pourvoir.
FRONTIN.
Ceci m'ouvre l'esprit ; & je crois entrevoir....

LA FAUSSE ANTIPATHIE

Que je n'étois qu'un sot.... Oüi.

NERINE.
Cela peut bien être,

FRONTIN.
Je crois que Leonore arrête ici mon maître ;
Mais qu'à cause d'Orphise il tient ses feux secrets.
Quand Damon acheta cette terre ici près,
Tu sçais que le château n'étoit pas praticable ;
Et qu'il étoit besoin pour le rendre habitable ....

NERINE.
Oüi, je sçai qu'il fallut le faire rétablir.

FRONTIN.
Géronte, en attendant, s'en vint nous accüeillir ;
Et, comme un bon voisin, nous offrit un azyle.
Nous vînmes donc chez lui. Mais notre domicile
Est depuis quelque-tems en état d'y loger :
Mon maître cependant paroit n'y pas songer.

NERINE.
Ta remarque est juste. Oüi ... Mais la fille d'Orphise..

FRONTIN.
Julie ? Ah ! Si mon maître en avoit l'ame éprise,
Son amour oseroit paroitre à découvert.
Leonore est trop fiere ; & sa fierté nous perd.

NERINE.
Les femmes ne sont pas tout ce qu'elles paroissent;
J'en aurai le cœur net.

FRONTIN,
Les femmes se connoissent.

COMEDIE.
NERINE.
Leonore m'appelle. Adieu. Cela suffit.
Je m'en vais travailler sur ce que tu m'as dit.

SCENE II.
NERINE, *seule*.

TOut ce que ma mémoire à present me rap pe'le,
Me confirme encor plus cette heureuse nouvelle.

SCENE III.
LEONORE, NERINE.
NERINE.

Vous m'avez appellée?
LEONORE.
Oüi. Je voulois sortir,
Mais de la part d'Orphise on vient de m'avertir
Qu'elle veut me parler ; ainsi je vais l'attendre.
Pour toi, l'on ne sçait plus désormais où te prendre.
Tu sembles te lasser de l'état où je suis ;
Et pourtant je m'en plains tout le moins que je puis.
NERINE.
J'étois avec Frontin, puisqu'il faut vous le dire :
Je lui parlois de vous.
LEONORE.
Je sçai ce qui l'attire.

LA FAUSSE ANTIPATHIE;
NERINE.
Nous difions que Damon auroit dû vous aimer :
Il a pourtant bien fait de ne pas s'enflammer.
LEONORE.
Tu n'es pas raifonnable.
NERINE.
       Il feroit trop à plaindre.
LEONORE.
Va, ce malheur pour lui ne fut jamais à craindre.
Tu m'affûrois pourtant . . . .
NERINE.
        Oüi, je croyois d'abord
Que Damon vous aimoit ; Madame, j'avois tort.
LEONORE.
J'y prends peu d'intérêt. Mais fur quelle affûrance
Accufes-tu Damon de tant d'indifférence ?
NERINE.
Si l'on aimoit encore, ainfi que Céladon,
Peut-être je pourrois en foupçonner Damon.
Mais de pareils amans ne font plus qu'en idée.
A prefent une intrigue eft bientôt décidée.
On ne fe donne plus le tems d'être enchaîné :
L'amour prend fon effor auffitôt qu'il eft né.
Dès qu'on aime, on en fait un récit infidéle ;
On exagere un feu qui n'eft qu'une étincelle ;
Pour mieux en affûrer l'objet de fon amour,
Un amant en inftruit & la ville & la cour.
La fotte vanité conduit tout le myftére ;

COMEDIE.

Et la fatuité l'empêche de se taire.
Si Damon vous aimoit, il en eût fait l'aveu.
Ainsi nous nous trompions..... Cela vous fâche un peu ?

LEONORE.
Vous vous émancipez. M'avez-vous reconnuë
Pour être, en ma faveur, follement prévenuë ?

NERINE.
Ainsi vous croyez donc mon discours conféquent.
Non, ma chere maîtresse, il est extravagant,
Insoutenable.

LEONORE.
En quoi ?

NERINE.
C'est que Damon vous aime.

LEONORE.
Mais accorde-toi donc, Nerine, avec toi-même.

NERINE.
Un tiers voit mieux que ceux qui sont dans l'embarras.

LEONORE.
Tu viens de me prouver...

NERINE.
Que Damon n'avoit pas
Les défauts des amans qu'en ce siécle on voit naitre.
Quoi ? Parce que l'on n'est ni fat, ni petit-maitre,
On ne peut vous aimer ? L'obstacle est imprévû.

LEONORE.
Par où peux-tu juger....

NERINE.
Par tout ce que j'ai vû.
LEONORE.
Mais encore, quoi donc?
NERINE.
Premierement, vos charmes.
LEONORE.
Je n'ai jamais compté sur de si foibles armes.
NERINE.
J'ai démélé, vous dis-je, à travers ses respects,
Des soupirs étouffés, des regards indirects,
Un silence pénible, autant qu'involontaire,
Des désirs, des égards, du trouble, du mystere,
Un intérêt secret, un soin particulier.
Un homme indifférent est bien plus familier.
Ce sont-là mes garants. Tout cela fait en somme
De l'amour; &, de plus, un amant honnête-homme.
J'ai vû bien plus encore.
LEONORE.
Acheve ; dis-moi tout.
NERINE.
Que cet amant seroit assez de votre goût.
LEONORE
Ah! C'est trop voir. Finis; je ne veux plus t'entendre.
Je te défends..... Hélas! Que puis-je lui défendre?
Quoi? De foibles attraits flétris par les douleurs,
Des yeux accoutumés à pleurer mes malheurs,
Pourroient causer encore une tendre foiblesse?

Et

COMEDIE.

NERINE.
Et fut tout à l'objet pour qui l'amour vous bleſſe ?
Car il faut vous aider.

LEONORE.
Nerine, tu me perds.

NERINE.
Dequoi m'accuſez-vous ? Croyez que je vous ſers.
Leonore & Damon ſont formés l'un pour l'autre.
C'eſt moi qui vous apprends ſa défaite, & la vôtre.
L'hymen peut réparer les maux qu'il vous a faits.
Il forme quelquefois des liens pleins d'attraits.
Quand on dépend de ſoi, pour ſoi l'on ſe marie.

LEONORE.
Ne me rappelle plus le malheur de ma vie,
Ni les égaremens d'un âge ſans raiſon.
A peine j'achevois ma premiere ſaiſon,
On me tira du cloître ; & j'entrai dans le monde
Avec les préjugés dont la jeuneſſe abonde.
Une mere abſoluë, abuſant de ſes droits,
Avoit promis ma main, ſans conſulter mon choix.
Je me prévins d'abord. Mon dépit fut extrême.
Je croyois qu'on devoit m'obtenir de moi-même.
Je croyois mériter du moins quelques ſoupirs :
Mais, loin de s'abaiſſer à flater mes déſirs,
On ne m'honora pas d'une ſeule entrevüé.
Je fus au temple ; & là, ſans détourner la vüé,
Victime dévoüée au cruel intérêt,
On me fit malgré moi prononcer mon arrêt.

D

Quel hymen ! Ou plûtôt quelle union fatale !
L'averſion, ſans doute, entre nous fut égale.
En ſortant de l'autel, Sainflore diſparut.
Moi-même je m'en fuis ; & mon époux mourut.
Mais j'ai connu l'erreur de mon antipathie.
Je crois, ſi mon époux n'eût pas perdu la vie,
Que ſans doute l'hymen, mon devoir, & le tems,
Auroient mis dans mon cœur de plus doux ſentimens.

NERINE.

En tout cas, par bonheur, il eſt en l'autre monde.
Pour vous montrer ſurquoi mon préjugé ſe fonde
Au ſujet de Damon, il faut vous expliquer
Ce que m'a dit Frontin. Il m'a fait remarquer
Que Damon s'accoutume à la maiſon d'Orphiſe.

LEONORE.

Peut-être que ſa fille....

NERINE.

Eh ! Souffrez qu'on vous diſe...
Mais on vient.

LEONORE.

C'eſt, ſans doute Orphiſe que j'attends !

NERINE, à part.

Le diable qui l'améne a bien mal pris ſon tems.

SCENE IV.

ORPHISE, LEONORE, NERINE.

ORPHISE.
(à Nerine.)

Vous pouvez demeurer. Vous avez quelque adresse ;
J'aurai besoin de vous, & de votre maîtresse.
  (à Leonore.)
Madame, vous sçavez qu'autant que je le puis
Je me fais un devoir d'adoucir vos ennuis.
Entre ma fille & vous tout mon cœur se partage;
J'espere que Géronte en fera davantage ;
Qu'il vous fera rentrer dans vos biens usurpés.
Si par malheur enfin ses soins étoient trompés,
Vous deviendrez, Madame, une seconde fille,
Que la fortune aura mise dans ma famille ;
Et vos plus grands malheurs m'attacheront à vous.

NERINE, à part.
Que diantre signifie un exorde si doux ?

LEONORE.
Madame.....

ORPHISE.
Je prévois ce que vous m'allez dire.

LEONORE.
Ma reconnoissance....

D ij

LA FAUSSE ANTIPATHIE,
ORPHISE.
Est telle que je désire.
LEONORE.
De grace....
ORPHISE.
Epargnez-vous de vains remerciemens,
C'est tout ce que je crains quand j'oblige les gens.
LEONORE.
Souffrez....
ORPHISE.
Je viens d'apprendre un départ qui m'afflige,
Damon va nous quitter. Et c'est ce qui m'oblige
A venir vous prier d'empêcher son départ.
LEONORE.
Pour vos moindres désirs il aura plus d'égard.
ORPHISE.
N'importe. Je voudrois, sans être compromise,
Que vous employassiez ici votre entremise.
LEONORE.
Madame, sur Damon ai-je assez de crédit?....
ORPHISE.
Assez, pour l'amener au point dont il s'agit.
J'ai des desseins secrets qu'il faut que je vous dise.
Connoissez-vous Damon ? Parlez avec franchise.
LEONORE.
Je le crois honnête-homme.
ORPHISE.
Oh ! Je n'en doute pas,

Le myſtere a pour lui de furieux appas.
Je m'y perds comme vous. Depuis qu'il nous fré-
 quente,
Il eſt d'une reſerve incivile & piquante.
LEONORE.
En quoi, Madame?
ORPHISE.
     En tout. En voici quelques traits.
Il eſt homme de guerre, & n'en parle jamais.
LEONORE.
Tous ſes pareils devroient imiter ſa prudence.
ORPHISE.
Quand on eſt noble, on peut en faire confidence;
Il ne cite jamais ni lui, ni ſes ayeux.
LEONORE.
Ceux qui font autrement ſont toujours ennuyeux.
ORPHISE.
Quand on eſt riche, eſt-il naturel qu'on s'en cache?
Le premier avantage eſt que chacun le ſçache.
LEONORE.
Il n'appartient qu'aux ſots d'en tirer vanité.
ORPHISE.
Ainſi vous approuvez ſa ſingularité?
Tant mieux. Du reſte, il eſt homme aſſez ſociable;
Je crois qu'on en peut faire un mari fort paſſable.
  (*Leonore ſoupire.*)
Plait-il?

LEONORE.
(à part.)
Rien. Ciel! Dequoi va-t-elle me prier?
ORPHISE.
J'ai, comme vous sçavez, ma fille à marier.
Et ce seroit me faire un plaisir véritable
De sçavoir si Damon est un parti sortable.
En ce cas, agissez, Madame; servez-nous,
Comme on vous serviroit; faites comme pour vous.
NERINE.
Sans doute, c'est à quoi vous devez vous attendre.
ORPHISE.
Je veux, de votre main l'accepter pour mon gendre.
Je crois qu'il va venir vous faire son adieu.
Je sors; il ne faut pas qu'il me trouve en ce lieu.
Vous ne mettrez en jeu ni moi, ni la future.
LEONORE.
En verité, Madame.....
ORPHIPE.
En pareille avanture
Il faut avec adresse employer les détours.
Tout homme qu'on recherche en abuse toujours:
Se rencherit d'abord, sans valoir davantage;
Et, de rien qu'il étoit, s'érige en personnage.
Leur fatuité vient du cas que l'on en fait.
Il faut les maîtriser, malgré que l'on en ait,
Se les assujettir, les faire à son caprice.
Nous perdons leur estime, en leur rendant justice;

COMEDIE. 47

Nous nous avilissons, si nous sentons leur prix;
Et la moindre indulgence attire leur mépris.
Je vous laisse.

===

SCENE V.
LEONORE, NERINE.
LEONORE.

Nerine.

NERINE, *riant.*

Ah ! Rien n'est plus risible.
Orphise vous procure un moyen infaillible
De vous servir vous-même, en servant ses desseins;
Voilà des intérêts remis en bonnes mains,

LEONORE.

Quelle commission dangereuse & cruelle !
Je ne puis y songer ni pour moi, ni pour elle
Oüi, cette occasion n'est qu'un piége fatal.
Je m'exposerois trop, je la servirois mal.
Laissons aller Damon, il faut que je l'évite
Imagine une excuse, & reçois sa visite.

NERINE.

Quel danger courez vous ? Quoi ? Vous n'osez saisir
La seule occasion qui peut vous éclaircir ?

LEONORE.

J'aime mieux à jamais ignorer ma victoire,
Que de mettre en danger mon honneur & ma gloire,

LA FAUSSE ANTIPATHIE,
NERINE.
A ne point voir Damon, ne vous obstinez plus.
Que pourroit-il penser d'un semblable refus ?
Cette affectation seroit plus dangereuse.
D'ailleurs, madame Orphise en seroit furieuse.
Madame, il faut céder à la nécessité.
Mais j'apperçois Damon.
LEONORE.
Que ne l'ai-je évité !

SCENE VI.
DAMON, LEONORE, NERINE.
(*Damon fait deux ou trois révérences, avance, recule, & paroît déconcerté.*)

NERINE à part.
Que deux amans sont sots, quand ils sont en présence !
Il faut que je les aide à rompre le silence.
(*à Damon.*)
On dit que vous allez chercher en d'autres lieux
Une société qui vous amuse mieux.
DAMON à Leonore.
L'ennui n'habite point un séjour où vous êtes.
Des motifs plus pressans, d'autres peines secrettes...
NERINE.
Quoi ? Vous partez, Monsieur ?
DAMON

COMEDIE.

DAMON *à Leonore.*

Oüi, Madame, je fuis :
Je fais ce que je dois, & plus que je ne puis.

NERINE.

Si la maifon vous plaît?

DAMON *à Leonore.*

Que trop!

NERINE.

Hé! Qui vous preffe?

DAMON *à Leonore.*

Mon honneur, ma raifon, le danger, ma foibleffe,
Votre repos, enfin.

LEONORE.

Mon repos, dites-vous?

DAMON *à Leonore.*

Ah! Madame, daignez m'écouter fans courroux;
N'y cherchez point un fens coupable & téméraire;
Oüi, pour votre repos, ma fuite eft néceffaire.
Orphife dans ces lieux cherche à me retenir ;
Et c'eft ce qui m'a fait réfoudre à me bannir.
Car enfin je dois voir ce qu'on rend trop vifible.
Sa bonté m'eft à charge, & vous feroit nuifible.

NERINE.

Quoi! Vous fçavez déja le bien qu'elle vous veut?

DAMON.

Quelqu'un l'ignore-t-il? Non, jamais on ne peut
Avec plus de myftere, être plus indifcrette.
Mais je ne puis répondre à ce qu'elle fouhaite.

E

LEONORE.

On croyoit que Julie auroit dû vous charmer.
Quoi! Ses attraits naissans n'ont pû vous enflammer?

DAMOM.

Ah! Tout autre que moi doit lui rendre les armes.

NERINE.

Vous ne l'aimez donc pas?

DAMON.

Non. J'échape à ses charmes.
Vous seriez exposée à des soupçons jaloux.
Orphise, avec raison, n'accuseroit que vous
Du refus que je fais de prendre cette chaîne.
Sa pénible amitié se changeroit en haine.
Sans compter d'autres maux trop aisés à prévoir;
Je payerois trop cher le plaisir de vous voir.

LEONORE.

Vous le voulez? Il faut approuver votre zéle.

NERINE.

Allez, Monsieur, allez où l'amour vous appelle.

DAMON.

Dequoi m'accusez-vous? Je m'éxile chez moi.
D'ailleurs, si quelque objet me tenoit sous sa loi,
Hélas! Je n'aurois point de retour à prétendre;
Mon cœur s'entretiendroit dans l'amour le plus tendre,
Sans laisser éclater le moindre de ses feux.

NERINE.

Tenez, Monsieur, j'ai peine à croire au merveilleux;
Tant de discrétion est hors de vraisemblance.

COMEDIE.
LEONORE.
Sans entrer plus avant dans votre confidence,
Puisque vous nous quittez, vous avez vos raisons.
DAMON.
Moi, des raisons ? Je vois vos injustes soupçons.
Vous croyez que je vole où mon bonheur m'appelle.
Si vous sçaviez combien cette erreur m'est cruelle !
Puisque vous m'y forcez, apprenez mon état.
Si j'aimois, mon amour éviteroit l'éclat.
Je dis plus. Mon aveu deviendroit un outrage,
Qui déshonoreroit l'objet de mon hommage.
Mon vainqueur ne pourroit répondre à mon amour.
Hé ! Que me serviroit le plus tendre retour ?
Il feroit le malheur de cette infortunée.
Je gémis dans les fers d'un cruel hyménée.
LEONORE.
Vous êtes marié ?
DAMON.
Je le suis. Mais enfin
Un promt évenement peut changer mon destin.
NERINE.
Partez, Monsieur, partez ; vous ne pouvez mieux faire.
LEONORE.
Orphise approuvera ce départ nécessaire.
DAMON.
(à part.)
Madame, j'obéis. J'espére un promt retour.

SCENE VII.

LEONORE, NERINE.

LEONORE.

Il eſt donc marié?... Que devient mon amour?
Nerine, je l'aimois ... Sa préſence funeſte
N'eût fait qu'entretenir un feu que je déteſte.
Eſt-ce là le bonheur dont mon cœur s'eſt flaté?
Raſſûre-moi; je crains d'avoir trop éclaté.
Ai-je pu contenir ma colere trop promte?
N'en ai-je point trop dit? Ah! Je mourrois de honte.

NERINE.

Je ne puis qu'approuver un trop juſte dépit.
Mais quel ſens peut avoir un mot qu'il vous a dit;
Qu'un promt évenement peut changer ſa fortune?

LEONORE.

Ah! Ne te donne point une gêne importune.
Quand la néceſſité raméne ma raiſon,
Ceſſe de retarder encor ma guériſon.
C'eſt aſſez.... Va chercher l'épouſe de Géronte.
De tout ce qui ſe paſſe, il faut lui rendre compte.
Pour ne plus voir Damon, qui part dans un moment;
Je vais me renfermer dans mon appartement.

SCENE VIII.

FRONTIN, NERINE.

FRONTIN, *tenant un paquet de papiers.*

AH ! Te voilà, Nerine ! Enseignes-moi mon maître.

NERINE.

Il faut que je t'étrangle. Approche, double traître,
Ton maître est marié, tu m'en fais un secret ?

FRONTIN.

Si j'en sçai rien, je veux être étranglé tout net.
Mon maître est un sournois comme on n'en trouve
  guéres :
Oüi, je crois que le diable est son homme d'affaires.
Je le trouvai jadis en pays étranger :
Il n'a, depuis ce tems, cessé de voyager.
Ce n'est que depuis peu que nous sommes en France.
Il n'a fait, que je sçache, aucune connoissance ;
Si ce n'est chez Géronte, où tu sçais bien comment
Il n'a pu refuser de prendre un logement.
Oh ! S'il est marié, ce que je ne puis croire,
Ce n'est pas de mon bail : C'est quelque vieille his-
  toire....
Bon ! Il n'a point de femme appartenante à lui ;
Par tout il a roulé sur le compte d'autrui.

NERINE.
C'est un fait. D'où viens-tu?

FRONTIN.
Je viens, à toute outrance,
De chez cet avocat ici près en vacance :
J'y vais dix fois pour une, & toujours sans succès ;
Mais à la fin...

NERINE.
Ton maitre a-t-il quelque procès ?

FRONTIN.
Ma foi, je ne sçai point quelle est leur manigance.
Le robin m'a donné ce paquet d'importance,
En me disant, ,, Voilà votre maitre en repos....
Mais, à quoi rêves-tu ?

NERINE.
C'est à certains propos...
Pourrois-tu deviner ce que ce papier chante ?

FRONTIN.
Oüi, si j'étois sorcier. Ah ! L'enquête plaisante !

NERINE.
Ah ! Tu n'es bon à rien. Va-t'en, sans différer.
(*seule.*)
Je ne sçai pas pourquoi j'ose encore espérer.

Fin du premier Acte.

ACTE II.
SCENE PREMIERE.
LEONORE, NERINE.

LEONORE.

Damon est-il parti ?

NERINE.
Sans doute qu'il doit l'être;

LEONORE.
Orphise ne vient point ?

NERINE.
C'est qu'elle sçait peut-être
Tout ce que vous avez à lui dire. En tout cas.......
La voilà justement.

LEONORE.
Ne m'abandonne pas.

SCENE II.

ORPHISE, LEONORE, NERINE.

ORPHISE, à *Leonore*.
MAdame, en verité, vous êtes admirable,
Une personne unique, une femme adorable.
LEONORE.
Des noms aussi flateurs ne me conviennent point :
Et vous me surprenez, Madame, au dernier point.
ORPHISE.
Damon nous reste enfin, grace à votre entremise :
Si je le sçais déja, n'en soyez pas surprise.
LEONORE.
Madame, excusez-moi.....
ORPHISE.
     Ses gens l'ont dit aux miens,
Les valets sçavent tout; c'est d'eux que je le tiens.
Vous me voyez sensible, on ne peut davantage.
Allons, Madame, il faut achever votre ouvrage.
LEONORE.
Mon ouvrage ?
ORPHISE.
 Quoi donc ?
LEONORE.
     Je n'y prends point de part,

COMEDIE.
ORPHISE.
Mais ne venez-vous pas d'empêcher son départ ?
LEONORE.
Il vous plaît de le croire.
ORPHISE.
Et de plus, j'en suis sûre.
LEONORE.
Madame, il n'en est rien.
ORPHISE.
Comment ?
LEONORE.
Non, je vous jure.
ORPHISE.
Damon reste pourtant ; ses ordres sont donnés.
LEONORE.
Cela peut-être vrai ; mais vous me l'apprenez.
ORPHISE.
Quoi, véritablement ?
LEONORE.
Je vous le certifie :
Je n'ai parlé de rien.
ORPHISE.
J'en ai l'ame ravie.
Vous n'avez point écrit ?
LEONORE.
Encore moins.
ORPHISE.
Tant mieux.

Je connois le motif qui l'attache en ces lieux.
Ma fille, j'en suis sûre, en a tout le mérite.
Damon ne peut quitter un séjour qu'elle habite.
Pour vous, Madame, à qui cette affaire déplait,
Il faut vous dispenser d'y prendre d'intérêt.
Oüi, je n'ignore pas qu'une femme à votre âge,
N'aime guéres à joüer un second personnage.
Elle voudroit que tout lui devint personnel ;
Etre l'unique but, l'objet perpetuel
Où tendent tous les cœurs, les yeux & les oreilles ;
Plaire, à l'exclusion de toutes ses pareilles ;
N'en reconnoître aucune, & dominer par tout.
A votre âge, Madame, on est fort de ce goût.

LEONORE.

Oüi, je sçai qu'une femme aime un peu trop à plaire ;
C'est de l'âge où je suis la foiblesse ordinaire.
Dans l'arriére-saison on ne fait qu'en changer ;
Du monde qui nous quitte on cherche à se venger ;
Du plaisir qui nous fuit, des défauts qu'on regrette,
Ausquels on voudroit bien être encore sujette.
Alors, par désespoir & par nécessité,
On se masque ; l'on prend un air d'autorité ;
On se croit vertueuse en voulant le paroitre,
Tandis qu'au fond du cœur on négüge de l'être ;
Qu'au contraire on se fait un plaisir inhumain
De nourrir son orgüeil aux dépens du prochain.
L'esprit de charité paroît une foiblesse ;
Et la mauvaise humeur prend le nom de sagesse.

COMEDIE.

Ainsi chaque âge apporte un travers différent.
On échange un défaut contre un autre plus grand ;
Et l'on corrige un vice avec un autre vice.
Mais je veux vous forcer à me rendre justice.
Un mot vous suffira, pour voir quel intérêt
Je dois prendre à Damon.

ORPHISE.

Voyons donc ce que c'est.

LEONORE.

Apprenez que Damon ne peut être à Julie.

ORPHISE.

Qui l'en empêchera ? Pourquoi donc, je vous prie ?

LEONORE.

Par un hymen, secret il se trouve lié.

ORPHISE.

Bon ! Que me dites-vous ? Le traître est marié ?

LEONORE.

En secret.

ORPHISE.

Avec vous ?

LEONORE.

Non, je vous en assure,
Ainsi, vous voyez bien que c'est me faire injure.

ORPHISE.

Ah ! L'énigme est assez facile à deviner.
Damon devoit cesser de nous importuner.
Il n'est point retenu par moi, ni par Julie ;
Et cependant il reste.

LEONORE.
Ah ! Quelle calomnie !

SCENE III.

LEONORE, NERINE.

LEONORE.
JE n'y sçaurois tenir ; je suis au désespoir.
Quel trait injurieux ! En est-il un plus noir ?
Il reste ; je l'ignore ; & l'on m'en fait un crime :
Mon repos, mon honneur, tout en est la victime.
NERINE.
Vous connoissez Orphise, & sa malignité.
LEONORE.
Eh ! Pouvois-je m'attendre à cette indignité,
Et qu'on m'imputeroit la derniere bassesse ?
Nerine, quelle horreur ! On me croit la maîtresse
D'un homme marié ?
NERINE.
Ce trait est inouï,
Une prude jamais n'a bien pensé d'autrui.
LEONORE.
Que vais-je devenir ? Le bruit va s'en répandre,
Orphise va le dire à qui voudra l'entendre.
NERINE.
Et l'on n'en croira rien.

COMEDIE.

LEONORE.

Ah ! Quelle est ton erreur !
C'est assez qu'une histoire attaque notre honneur,
Elle passe aussi-tôt pour être véritable.
Tout ce qui peut nous nuire, ou nous perdre, est croyable,
On n'examine rien ; & la crédulité
Va toujours contre nous jusqu'à l'absurdité.

NERINE.

Je ne m'étonne plus si tant d'infortunées
Se plaignent, tous les jours, d'être à tort condamnées ;
Je vois bien à présent qu'une femme d'honneur,
Avec son innocence, a besoin de bonheur.

LEONORE *avec vivacité.*

Dis-moi la vérité. Ne m'as-tu point trahie ?

NERINE.

Moi, vous trahir, Madame ? En quoi, je vous supplie ?

LEONORE.

Damon devoit partir. J'ai reçu ses adieux :
Cependant il s'obstine à rester en ces lieux.
N'aurois-tu point parlé ?

NERINE.

Nullement, je vous jure.

LEONORE.

Je ne sçai que penser ; je ne sçai que conclure.
Me serois-je oubliée ?... Auroit-il deviné ?...
Di-moi par quel motif il s'est déterminé ?
Après tant de respect, d'où lui vient tant d'audace ?

Il faut donc m'éloigner ; il faut que je me chasse.
Mais il devinera que c'est lui que je fuis.
Il me suivra par tout, puisqu'il reste où je suis.
Va le trouver. Di-lui ; .... Non, il vaut mieux écrire;
On ne dit par écrit que ce que l'on veut dire ;
Et, toi, tu lui feras remettre mon billet.

NERINE.

Allez.

SCENE IV.

NERINE *seule.*

JE vais tâcher de trouver son valet.
S'il est intelligent, il me pourroit instruire
D'où vient ce changement, & qui peut le produire;

SCENE V.

DAMON *seul, & tenant des papiers.*

FAisons cesser enfin le bruit de mon trépas.
 Mon ennemi s'appaise après tant de débats.
Celle, à qui mon malheur avoit uni ma vie,
Se porte à dénoüer la chaîne qui nous lie ;
Du moins on se fait fort de lui faire agréer
Ce projet, que ses gens viennent de m'envoyer.
J'ai donné ma parole ; on répond de la sienne.

COMEDIE. 63

Ainsi, dans quelque endroit que ma femme se tienne,
Nous nous verrons bientôt, pour ne nous plus revoir.
Mes amis en secret m'ont donné cet espoir.
Qu'il m'est doux de briser une odieuse chaîne !
Je tiens notre rupture infaillible & prochaine ;
Il ne nous manque plus qu'une formalité
Pour achever enfin notre félicité.
En attendant, cessons une feinte importune :
Allons à Leonore annoncer ma fortune.
Avant que je lui dise & mon nom & mon rang,
Pénétrons dans son cœur. C'est d'où mon sort dépend;
Voyons si mon amour...... Mais j'apperçois Nerine.

SCENE VI.
DAMON, NERINE.
DAMON.

Peut-on voir Leonore ?

NERINE.
Ah ! Monsieur, j'imagine
Que vous rêvez.

DAMON.
Je veux lui parler un moment.

NERINE.
Vous me faites frémir d'y penser seulement.

DAMON.
Il faut que je la voye.

LA FAUSSE ANTIPATHIE;
NERINE.

Ah ! Je vous crois trop fage
Pour ofer à fes yeux vous offrir davantage.
Votre préfence ici caufe affez d'embarras.

DAMON.

De grace, annonce-moi.

NERINE.

Je ne le ferai pas.

DAMON.

Que je lui dife un mot.

NERINE.

Cela n'eſt pas poſſible.

DAMON.

Il m'eſt de conféquence.

(*Il jette fa bague à terre.*)

NERINE.

Elle n'eſt pas viſible.
En vérité, Monfieur, je ne vous comprends pas....
Que cherchez-vous ?

DAMON.

Ma bague.

NERINE *cherchant la bague.*

Ah ! Je la vois là-bas,
Ou je fuis bien trompée : oüi, juftement c'eſt elle.
[*Elle ramaffe la Bague*]
C'eût été grand dommage ; elle eſt vraiment fort belle.
[*Elle la rend à Damon.*]

COMEDIE.
DAMON *refusant la bague.*

Elle est en bonnes mains ; &, puisqu'elle te plaît,
Profite du présent que le hazard te fait.

NERINE.

Moi, que je la garde ?

DAMON.

Oüi. C'est une bagatelle;
Nerine, je voudrois qu'elle eût été plus belle.
Ce n'est qu'un foible essai du bien que je te veux.

NERINE.

Voilà ce qui s'appelle un homme dangereux.
On ne sçauroit prévoir des tours de cette espéce.

DAMON.

Puisqu'on ne peut parler à ta belle maîtresse,
Tu lui donneras bien un billet de ma part.

NERINE.

Voilà donc l'encloüeure ! Allons, à tout hazard.
L'avez-vous ce billet ? Il faut que je m'acquite.

DAMON.

Je cours te le chercher ; je reviens au plus vîte.

SCENE VII.

NERINE *seule.*

JE ne sçais, à préſent que j'ai le diamant,
Je vois que je me ſuis oubliée un moment.
Réfléchiſſons un peu ſur mon étou.derie.
Je devois refuſer cette galanterie.
Mon petit intérêt m'a fait illuſion.
C'eſt la premiere fois.... Maudite occaſion !
Tu ſçais apprivoiſer l'honneur le plus ſauvage ;
Tu ménes où tu veux la fille la plus ſage.
Sans toi, l'on pourroit l'être avec facilité.
Je ne me croyois pas tant de fragilité.
Cependant, ſi je rends la bague que j'ai priſe,
Je répare une faute avec une ſottiſe.
Damon ne voudra pas reprendre ſon préſent :
Au contraire, il croira qu'il n'eſt pas ſuffiſant.
Il ſera généreux ; je voudrai me défendre ;
Il ne démordra pas ; je finirai par prendre.
Voilà pour cet article. Autre réfléxion.
Mais comment m'acquiter de ma commiſſion ?

COMEDIE.

SCENE VIII.

LEONORE, DAMON, *tenant chacun une lettre à la main.*

NERINE.

LEONORE *sortant d'un côté.*
(à Nerine.)

Tiens, fais rendre à Damon....

DAMON *sortant de l'autre côté.*
(à Nerine.)
Tiens, donne à ta maîtresse...

NERINE *au milieu d'eux, & croisant les bras.*
Donnez, je remettrai chacune à son adresse.

LEONORE *avec étonnement.*
Damon !

DAMON.
Madame avoit quelque ordre à me donner ?

LEONORE.
Vous le deviez attendre ; & je dois m'étonner
De n'avoir pas reçu cette marque d'estime.

DAMON.
Une raison heureuse, où du moins légitime,
Dont je vais vous instruire.....

F ij

LEONORE.

Epargnez-vous le foin
D'un éclairciffement, dont je n'ai pas befoin.
Nous nous devons toujours éviter l'un & l'autre.
J'ai ma raifon. Souffrez que j'ignore la vôtre.
Partez, Monfieur, partez; & ceffons de nous voir;
Que ce foit par égard, fi ce n'eft par devoir.
C'eft pour vous en prier que j'ofe vous écrire.

DAMON.

Mais....

LEONORE.

Vous ne devez plus avoir rien à me dire.

DAMON.

Ah! Madame....

LEONORE.

Damon ofe me retenir?

DAMON.

Apprenez donc mon crime, avant de me punir.

LEONORE.

J'ai lieu de m'offenfer de votre réfiftance.

DAMON.

Il eft vrai. Pardonnez cette derniere inftance.
Il y va de mes jours. Permettez en partant
Qu'on vous dife un fecret, qui peut m'être important.

LEONORE.

Je ne veux rien fçavoir...

DAMON.

Hélas! Daignez m'entendre;

COMEDIE.

Enfin, je puis céder à l'amour le plus tendre.
Ces soupirs, si long-tems retenus dans mon cœur,
Peuvent enfin paroître aux yeux de mon vainqueur.
Moins je l'offense, & plus je ressens que je l'aime.
Je n'ai plus désormais que sa rigueur extrême....

NERINE.

Votre épouse n'est plus?

DAMON à *Leonore*.

Ah! Ce titre si doux
Auroit dû ne jamais appartenir qu'à vous.
Celle qui le portoit n'a point perdu la vie.
Nous cédons l'un & l'autre à notre antipathie;
Et ces nœuds que l'hymen avoit désavoüés,
Sont d'un commun accord entre nous dénoüés.

LEONORE.

Quoi? Vous vous séparez?

DAMON.

Une heureuse rupture
Nous dégage tous deux d'une chaîne trop dure.
Nos sermens étoient nuls, ils ont été forcés;
Notre bouche à regret les avoit prononcés.
Nos cœurs ont réclamé contre la tyrannie
De ceux à qui le ciel nous fit devoir la vie.
La loi me restituë & ma main & mon cœur.
Nous pouvons tous les deux nous choisir un vainqueur.
Hélas! Mon choix est fait; & vous devez m'entendre.

LEONORE.

C'est donc-là ce secret que vous vouliez m'apprendre?
Et vous croyez, Monsieur, qu'il doit m'intéresser?

DAMON.

Quoi donc? Ce foible espoir peut-il vous offenser?

LEONORE.

Malgré tous ces détours où votre esprit s'efforce,
Ce que vous m'annoncez est toujours un divorce.
Oui, tel que soit le nom dont vous les colorez,
C'est votre épouse enfin que vous deshonorez.
Vous prétendez, Monsieur, me rendre la complice,
D'un coupable abandon fondé sur un caprice.
C'est vous qui l'éxigez. Peut-elle y consentir?
Je sens le désespoir qu'elle doit ressentir
D'un si terrible affront. Je me mets à sa place.
Pour elle enfin, Monsieur, je vous demande grace.
Si vous n'aimiez ailleurs.... Ah! N'en espérez rien,
Elle m'accuseroit... Votre cœur est son bien.
Loin de favoriser cette indigne rupture,
Je ne puis profiter de sa triste avanture.

DAMON.

N'appellez point divorce un accommodement.
Quand je consens à rompre un faux engagement,
Une chaîne, à tous deux également cruelle,
Ce n'est point un affront; c'est un bonheur pour elle.
Vous n'avez jamais sçu, vous n'éprouverez point
Que le plus grand malheur est celui d'être joint
Au déplorable objet d'une haine invincible.

COMEDIE.
LEONORE *à part.*
Quelle conformité !
DAMON.
Soyez-y donc fenfible;
Quand vous refuferiez de vous rendre à mes vœux,
Nous ne romprons pas moins nos liens rigoureux.
Ma femme n'eut pour moi qu'une haine mortelle ;
C'eſt ce que vous avez de commun avec elle.
LEONORE.
Dites-moi donc comment elle a pû vous haïr ?
DAMON.
Vous me haïſſez bien.
LEONORE.
Ah ! Laiſſez-moi vous fuir;
Oublions-nous tous deux.
DAMON.
Moi, que je vons oublie !
Vous, fur qui je fondois le bonheur de ma vie,
Qui feule avez trouvé le fecret d'enflammer
Un cœur que je croyois incapable d'aimer,
Dont vous allez caufer l'éternelle fouffrance !
Perd-on le fouvenir, en perdant l'efpérance ?
Ce n'eſt qu'en expirant d'amour & de douleur,
Que je puis oublier l'auteur de mon malheur.
Vous l'apprendrez bientôt, c'eſt l'efpoir qui me reſte.
LEONORE.
N'ajoutez pas encore à mon état funeſte
Cet affreux défefpoir.

LA FAUSSE ANTIPATHIE.

DAMON.

C'est vous qui le causez;
Ces frivoles raisons que vous me proposez,
Qu'invente contre moi votre délicatesse,
Ne l'emporteroient pas sur la moindre tendresse;
De votre aversion, c'est le plus sûr garant.

LEONORE.

Restez dans votre erreur, & vivez seulement.

DAMON.

Ah! Puis-je interpréter ce que je viens d'entendre?
Est-ce pitié? Seroit-ce un sentiment plus tendre?

[Il se jette aux genoux de Leonore.]

Leonore, achevez.

LEONORE.

Damon....

DAMON.

Eclaircissez....

LEONORE.

Que vois-je! Orphise? Adieu; fuyez, disparoissez.

SCENE IX.
LEONORE, ORPHISE, NERINE.
NERINE.
(*bas à Leonore.*)
Ferme, tenez-vous bien.
ORPHISE.
Ce que j'ai vû m'enchante !
NERINE.
Quoi donc ?
ORPHISE.
En vérité, l'attitude est touchante,
Je venois vous marquer que j'avois du regret
D'avoir conçu peut-être un soupçon indiscret.
L'excuse n'a plus lieu.
LEONORE.
Pardonnez-moi, Madame,
ORPHISE.
Vous souffrez que Damon vous parle de sa flâme?
LEONORE.
Je fais plus ; car je l'aime,
ORPHISE,
Avez-vous oublié
Que Damon par malheur est déja marié ?
Pour vous, apparemment, c'est une bagatelle ;
Ou bien vous m'avez dit une fausse nouvelle.

LEONORE.

Elle étoit vraye alors : mais tout est bien changé.
D'un malheureux hymen Damon est dégagé.
On va briser sa chaîne ; il me l'a dit lui-même.
Voilà ce qui me fait avoüer que je l'aime :
Car je dois avec vous bannir un vain détour.
Toutefois à Damon j'ai caché mon amour.
Je le crois ; ou du moins je cherche à me séduire.
Mais, Madame, en tout cas, vous pouvez l'en instruire.

ORPHISE.

On va briser ses fers ?

LEONORE.

Ils vont être rompus.

ORPHISE.

Madame, il devient libre, & vous ne l'êtes plus.

LEONORE.

Oüi, je n'en rougis point ; je chéris ma défaite ;
Je perds ma liberté, sans que je la regrette ;
J'ai rencontré l'objet que je devois aimer.
Un mutuel amour a sçu nous enflammer.
C'est une sympathie invincible, absoluë,
Que j'ai d'abord sentie à la premiere vûë.
Si le même rapport n'eût agi dans son cœur,
Jamais je n'aurois pû survivre à ce malheur.

ORPHISE.

Vous survivrez, Madame, à de plus grandes peines.
La mort de votre époux n'a point brisé vos chaines :
Il est encor vivant.

COMEDIE.
LEONORE.
Mon époux est vivant !
ORPHISE.
Oüi. C'est ce que Géronte a dit en arrivant :
Il va vous confirmer cette heureuse nouvelle.
Il étoit tems.
LEONORE.
Il vit, & je suis infidéle !
Grand Dieu! Dans quelle horreur me précipitez-vous?
ORPHISE.
Est-ce un si grand malheur de revoir un époux ?
LEONORE.
Ah ! Vous n'ignorez pas quelle est l'antipathie,
Que m'inspira l'époux à qui je fus unie.
L'un & l'autre aux autels nous fûmes entrainés ;
L'un à l'autre à regret nous fûmes enchaînés.
ORPHISE.
Une fille aisément se prévient, & s'entête ;
Et veut mal à propos se choisir sa conquête.
Je subis, à votre âge, un hymen plus fâcheux :
J'en ai fait un second plus conforme à mes vœux :
Eh bien, je vous dirai qu'ils reviennent au même.
LEONORE.
Hélas ! Pour éviter une infortune extrême,
A quel triste moyen n'ai-je pas eu recours?
Que ne me laissoit-on finir mes tristes jours ?
J'avois passé douze ans ignorée & tranquille ;
Devois-je consentir à quitter mon azyle,

G ij

Pour venir retrouver celui que je fuïois ?
Sainflore n'étoit plus ; du moins je le croyois ;
Il ne m'en resta pas la moindre incertitude.
C'est-là ce qui me fit quitter ma solitude.
J'ai cru renaître. Hélas ! Je n'avois point vécu.
Le plus beau de ma vie avoit été perdu ;
Et l'amour en devoit empoisonner le reste.
Damon vint dans ces lieux. C'est l'époque funeste
Du plus grand de mes maux. Mon cœur en fut blessé.
Je crus pouvoir aimer. Mon cœur s'est trop pressé.

ORPHISE.

Il faudra bien éteindre une flâme importune.
Et, d'ailleurs, quelle est donc cette grande infortune ?

LEONORE.

C'est d'avoir cru pouvoir disposer de mon cœur.
Mais enfin, sous ce nom, qu'au moins pour mon bonheur
Votre époux a voulu que je gardasse encore,
Je peux fuïr à jamais un époux qui m'abhorre.
De quel front à présent paroîtrois-je à ses yeux ?
Pourrois-je soutenir le reproche odieux
Dont il accableroit une épouse infidéle,
Que peut-être il voudroit retrouver criminelle ?

ORPHISE.

C'est la sujettion du sexe infortuné
De périr sous le joug quand il est enchaîné.
Abandonnez enfin le nom de Leonore.
La feinte vous rendroit plus criminelle encore ;

COMEDIE.

Allez, Silvie, allez, retrouver votre époux.
Vous vous infpirerez des fentimens plus doux.
Auffi-bien que l'amour, l'averfion s'épuife.
D'autre reffource enfin ne vous eft plus permife.
LEONORE.
On connoît fon erreur fans pouvoir en guérir.
Adieu. Je pars, je fuis ; & je vais en mourir.

SCENE X.

GERONTE, ORPHISE.

GERONTE.

Leonore eft en pleurs ? D'où vient qu'elle m'évite ?
ORPHISE.
C'eft vous, Monfieur Géronte ? Où courez-vous fi vîte ?
GERONTE.
Je dois à Léonore un petit compliment ;
Je vais m'en acquiter.
ORPHISE.
    Eh ! De grace, un moment.
GERONTE.
A votre appartement, je me fuis fait écrire.
Si vos gens font exacts, ils pourront vous le dire.
ORPHISE.
Certes, pour un époux l'accüeil eft très-galant ;

G iij

Après un mois d'absence, il est fort consolant.
GERONTE.
Nous nous retrouverons; & plûtôt dix fois qu'une.
Ne nous imposons point une gêne importune,
Ni ces empressemens follement amoureux,
Ridicules à l'âge où nous sommes tous deux.
ORPHISE.
Monsieur, parlez du vôtre.
GERONTE.
Oüi, dans l'âge où nous sommes,
Vous croyez que le tems ne vieillit que les hommes?
ORPHISE.
Autrefois....
GERONTE.
Est passé, pour ne plus revenir.
ORPHISE.
Et vous anticipez toujours sur l'avenir.
Monsieur, entendons-nous une fois dans la vie.
GERONTE.
C'est quand vous le voudrez.
ORPHISE.
Au sujet de Silvie....
GERONTE.
Eh! Madame, pourquoi l'appeller de ce nom?
Vous avez toujours eu cette démangeaison.
ORPHISE.
Monsieur, c'est que jamais je n'aimai le mystére.

COMEDIE.
GERONTE.
Vous sçavez cependant qu'il étoit nécessaire,
De peur d'effaroucher des gens intéressés
Entre qui tous ses biens se trouvoient dispersés :
Mais c'étoit un secret, & la charge est pesante.
ORPHISE.
L'apostrophe est commune, & même déplaisante.
GERONTE.
Tout va bien.
ORPHISE.
Son époux est vivant ?
GERONTE.
Ah ! D'accord.
Oüi, cet homme prétend n'avoir pas été mort :
Il revient, c'est à quoi je ne m'attendois guéres.
Les gens qu'il a chargé du soin de ses affaires,
Ont arrêté les miens, quand j'allois terminer :
Mais d'une autre façon j'ai sçû me retourner,
Sans paroitre autrement, que par mes émissaires,
J'ai pris les sûretés qui m'étoient nécessaires.
Leonore, en tout cas, n'y participe en rien.
C'est dequoi nous allons avoir un entretien ;
Car elle ne sçait pas ce que j'ai fait pour elle.
ORPHISE.
En vérité, j'ai plaint sa fortune cruelle.
GERONTE.
Tant mieux.

ORPHISE.

   Mais cependant, pour certaine raison,
Il faudra, qu'elle ou moi, sortions de la maison.

GERONTE.

Parbleu, l'alternative est toujours quelque chose.
Pourquoi donc, s'il vous plaît ?

ORPHISE.

      C'est que je me propose
De marier.....

GERONTE.

Ah, ah !

ORPHISE.

      Ma fille avec Damon,

GERONTE.

Oüi-dà, ce parti-là pourroit être assez bon.
Mais, pour cela, faut-il que je chasse ma niéce?

ORPHISE.

C'est qu'en un mot ici sa présence me blesse,
Je n'en dirai pas plus, ni d'elle, ni de lui.
Suffit. Je n'aime point à parler mal d'autrui.

GERONTE.

J'entends à demi-mot.

ORPHISE.

     Disposez votre niéce
A suivre son époux. J'y compte. Je vous laisse.
Arrangez-vous ensemble ; & faites pour le mieux,

SCENE XI.

GERONTE *seul.*]

Les femmes ont toujours des projets merveilleux,
Ma niéce n'aura point regret à mon voyage.
D'abord, j'ai retiré tous ses biens du pillage.
Son époux, il est vrai, n'est pas mort. Cependant
Je n'en suis pas la cause ; & c'est un accident
Qui n'interrompra guére, ou très-peu son veuvage ;
Puisqu'il veut bien laisser casser son mariage.
Allons la préparer à cet évenement.
Elle n'espére pas un si bon dénoüement.

Fin du second Acte.

ACTE III.
SCENE PREMIERE.

ORPHISE *seule*.

Sçachons ce que Géronte aura fait chez sa niéce,
S'il aime un peu ma fille, en cas qu'il s'intéresse
A son hymen, il peut me servir à mon gré.
Damon est gentilhomme ; il est même titré....

SCENE II.

GERONTE, ORPHISE.

GERONTE *sortant de chez Leonore*.

La femme est une espéce à qui rien ne ressemble ;
C'est tout bien, ou tout mal ; & tous les deux ensemble,
Est-elle vertueuse, elle l'est à l'excès.
Sa sagesse devient un véritable accès,
La modération lui paroît insipide ;
C'est toujours à l'extréme où son panchant la guide,
Ses moindres mouvemens sont des convulsions,
La vertu, dans son cœur, se change en passions,

COMEDIE. 83

Dégénére en faux zéle, & devient fanatique.
ORPHISE.
Ah! Vous voilà, Monfieur, dans votre humeur critique.
GERONTE.
Ne vous chagrinez pas d'un portrait fi flaté.
Une femme, à tout âge, eft un enfant gâté.
ORPHISE.
Le mépris pour le fexe eft un air qu'on fe donne,
Qui n'eft, en vérité, convenable à perfonne.
GERONTE.
Madame, je fuis jufte, & fans prévention.
J'avois fait jufqu'ici certaine exception....
ORPHISE.
Peut-on fçavoir combien vous en exceptiez?
GERONTE.
        Une.
Et c'étoit encor trop.
ORPHISE.
      Pour nous, quelle fortune!
GERONTE.
C'eft Silvie. Ah! Morbleu, je me trompe de nom.
Son caprice imprévû me trouble la raifon.
Diable! Je ne fçai plus ce que je voulois dire.
J'exceptois Leonore; & cela vous fait rire.
ORPHISE *riant*.
C'eft votre niéce, à qui vous faifiez cet honneur?

GERONTE.

Leonore, elle-même.

ORPHISE.

Elle a bien du bonheur.

GERONTE.

Oüi d'avoir du mérite.

ORPHISE.

Autant que de sagesse.

GERONTE.

Que trop. Et c'est en elle un excès qui me blesse,
Un travers véritable, un faux rafinement,
Fondé sur le scrupule, & sur l'entêtement.
Je m'en vais préparer Damon à sa disgrace.

ORPHISE.

Bon ! Je l'ai prévenu de tout ce qui se passe.

GERONTE.

Déja ? Mais vous l'avez accablé de douleurs ?

ORPHISE.

Il falloit, tôt ou tard, qu'il apprît ses malheurs;
Plûtôt on les apprend, plûtôt on s'en console.

GERONTE.

J'espére cependant....

ORPHISE.

Espérance frivole.

GERONTE.

Peut-être que Damon que j'ai fait avertir,
Aura plus de crédit....

COMEDIE.
ORPHISE.
Eh ! Laissez la partir.
Elle est mariée....
GERONTE.
Oui.
ORPHISE.
L'affaire est terminée.
GERONTE.
Point du tout. Si ma niéce étoit moins obstinée,
Elle pourroit....
ORPHISE.
Aller retrouver son époux.

SCENE III.

GERONTE, ORPHISE, DAMON.

GERONTE à *Damon*.

Venez, Monsieur, venez vous unir avec nous;
La pauvre Leonore.... Elle se croyoit veuve;
Eh bien, il n'en est rien ; nous en avons la preuve.
Mais de son esclavage on pourroit l'affranchir.
Peut-être mieux que moi vous pourrez la fléchir.
Un mot de ce qu'on aime a toute une autre force.
ORPHISE.
Quoi ? Vous voulez, Monsieur, la porter au divorce ?
GERONTE.
Déterminez un cœur fortement combattu,

Ne l'abandonnez pas à sa triste vertu.
Car je n'ignore plus qu'elle vous intéresse.
Vous l'aimez ?
DAMON.
Je l'adore. A quoi sert ma tendresse ?
ORPHISE.
(à Geronte.)
Ce sont là de vos tours. Vous servez en ami.
GERONTE.
Ma foi, sans le sçavoir, je travaillois pour lui.
Quand ma niéce peut rompre une chaine cruelle,
Elle n'approuve plus ce que j'ai fait pour elle.
Sous main, depuis un mois, j'ai mis l'affaire en train;
Mais le diable jaloux, ou l'esprit feminin,
Ne veulent pas permettre une union si belle.
ORPHISE.
On s'en consolera. Modérez votre zéle.
DAMON.
Je m'en consolerai ?
ORPHISE.
Vous ferez dans le cas.
DAMON.
Jamais ; & j'en mourrai.
ORPHISE.
Non, vous n'en mourrez pas.
GERONTE.
Eh ! Madame, tâchez d'être un peu plus tranquille,

COMEDIE.
ORPHISE.
Vous, donnez un conseil plus sage & plus utile.
GERONTE.
Jettez-vous à ses piéds.
ORPHISE.
     Ne la voyez jamais.
GERONTE.
Employez les soupirs.
ORPHISE.
     Oubliez ses attraits.
GERONTE.
Allez.
ORPHISE.
Quoi ? Voulez-vous déshonorer Silvie ?
DAMON.
Moi, la déshonorer ? En quoi, je vous supplie ?
Ah ! Silvie auroit tort de se plaindre de moi.
Je fais ce qu'elle veut ; & je lui rends sa foi.
Elle a fait trop long-tems le malheur de ma vie.
Quand on ne s'aime point, aisément on s'oublie.
GERONTE.
Quand on ne s'aime point ?
ORPHISE.
     Pour le coup, je m'y perds.
DAMON.
On cherche volontiers à sortir de ses fers.
ORPHISE.
Ceci ne laisse pas d'être incompréhensible.

Pour qui donc votre cœur étoit-il si sensible ?
Leonore n'est point l'objet de vos amours ?
DAMON.
Leonore est l'objet que j'aimerai toujours.
ORPHISE.
Nous extravagons tous.
GERONTE.
      Je m'en doutois, Madame.
Ma niéce est cependant l'objet qui vous enflamme ?
L'équivoque des noms a pû nous embroüiller ;
Mais l'histoire en seroit trop longue à détailler.
DAMON *à part.*
Mon secret doit ici n'être sçu de personne.
Ce nom m'a fait frémir ; & ce rapport m'étonne.
GERONTE.
C'est peut-être le nom de certaine beauté,
Qui vous a fait, sans doute, une infidélité.

SCENE IV.

GERONTE, ORPHISE, DAMON, LEONORE,
NERINE.

LEONORE.

Madame, à vos avis je rends plus de justice.
Vous arrêtez mes pas au bord du précipice.
Victime d'un panchant devenu criminel,
J'allois m'envelopper d'un opprobre éternel ;
J'allois me dérober au pouvoir légitime

COMEDIE.

D'un époux, qu'on ne peut abandonner sans crime.
GERONTE.
Ma niéce, en vérité, tous ces grands sentimens
Sont des inventions pour orner des romans.
ORPHISE.
La morale est légére, & ce n'est pas la mienne.
Monsieur, que voulez-vous que madame devienne?
GERONTE.
Heureuse, apparemment.
ORPHISE.
    Eh ! Le moyen ?
GERONTE.
        Est sûr.
ORPHISE.
Quoi ! Faudra-t-il qu'au fond de quelque azyle obscur
Elle aille ensevelir une épouse craintive,
Ou mener une vie errante & fugitive ?
LEONORE.
C'est un dessein coupable ; & je n'y pense plus;
Je reprends des liens que je croyois rompus.
Il m'en coûtera cher... Que dis-je, malheureuse ?
Mais la nécessité me rendra vertueuse.
J'ai gagné sur mon cœur, ou du moins je le crois...
 [Appercevant Damon.]
Ah, rencontre cruelle ! Et qu'est-ce que je vois ?
DAMON.
C'est un infortuné, qui n'a plus guére à vivre.

LEONORE.
Je vous l'ai dit, vivez; mais cessez de me suivre.
DAMON.
Eh! Le puis-je? C'est vous qui voulez mon trépas.
LEONORE.
Ah! Ne m'engagez point à de nouveaux combats.
Mon cœur n'a pas besoin d'une épreuve cruelle.
DAMON.
Hélas! Que craignez-vous? A quoi serviroit-elle?
LEONORE.
A vous faire haïr, à me désespérer.
C'est me persécuter, c'est me déshonorer,
Que d'exposer encor mon cœur à se défendre.
Ce sont de vains regrets que je ne puis entendre.
Vous avez un rival qui n'en doit point avoir.
Je vais le retrouver, & remplir mon devoir.
DAMON.
Vous l'étendez plus loin qu'il ne devroit s'étendre.
Madame, si je crois ce qu'on m'a fait entendre,
Sans blesser ce devoir, vous pourriez recourir
A des moyens plus doux qu'on vient de vous offrir.
LEONORE.
Non, je n'ai point assez d'audace, ni de force,
Pour aller mandier un malheureux divorce.
Je n'imagine pas qu'une femme de bien,
Puisse jamais avoir recours à ce moyen.
Il faut un front d'airain pour donner ce scandale;

COMEDIE.
DAMON.
On vous excepteroit de la loi générale.
ORPHISE.
Ne vous en flatez pas.
GERONTE.
Le cas est différent.
LEONORE.
Sur l'espoir d'un succès toujours déshonorant,
Je ne risquerai point d'être timpanisée.
Le plus grand des malheurs est d'être méprisée.
Hé quoi ! Sur un prétexte absurde & mandié,
Aller de porte en porte implorer la pitié,
Y faire de sa vie un journal équivoque,
Que personne ne croit, & dont chacun se moque ;
Suborner des témoins, gagner des partisans ;
Remplir les tribunaux de ses cris indécens ;
Y faire débiter des plaintes infidéles ;
Inonder le public d'injurieux libelles ;
Ebruiter des malheurs qu'on pouvoit empêcher :
Ou qu'au moins la raison devoit faire cacher :
Je ne puis seulement soutenir cette idée.
GERONTE.
Eh, non. Rassûre-toi. Ta crainte est mal fondée.
ORPHISE.
Eh, mais, pardonnez-moi.
GERONTE.
Non. Il s'agit au plus
D'achever de briser des nœuds presque rompus,

H ij

De m'en laisser le soin ; en un mot, de reprendre
L'heureuse liberté qu'on offre de lui rendre ;
De quitter un époux.

LEONORE.

Daignez lui pardonner.
A sa discrétion, je veux m'abandonner.
Peut-être que l'absence, & son état funeste,
Auront changé son cœur ; le mien fera le reste.

GERONTE.

Erreur ! N'esperez pas de si tendres retours.

DAMON.

Vous allez exposer votre gloire, & vos jours.
Songez-vous qu'un mortel, insensible à vos larmes,
Va joüir, malgré vous, d'un bien si plein de charmes ?
Je ne vous parle point du désespoir affreux
Où vous allez jetter le cœur d'un malheureux,
Qui mourra malgré vous dans sa persévérance.
J'avois pris dans vos yeux une fausse espérance.
Je perds tout, en perdant ce bonheur apparent.
Ce que je deviendrai vous est indifférent.

LEONORE.

Ah, cruel ! D'où vient donc le remords qui m'accable...
Qu'ai-je dit ? Je me rends encore plus coupable.
Ne vous promettez rien des pleurs que je répands.
Non, quand je briserois les nœuds que je reprends,
Notre hymen ne peut plus devenir legitime.
Ce seroit avoüer, & consommer mon crime.
Vous avez une épouse. Imitez-moi tous deux :

COMEDIE.

Ou, plûtôt puissiez-vous l'un & l'autre être heureux,
Je sens que tôt ou tard il faut qu'elle vous aime.
DAMON.
N'exigez pas de moi cette foiblesse extrême.
Sa haine, ou son amour ne m'intéressent plus.
Ne consent-elle pas que nos fers soient rompus ?
LEONORE.
C'est vous qui le voulez.
DAMON.
     Y consentiroit-elle,
Si ce n'étoit pour prendre une chaîne nouvelle ?
Je n'eus jamais son cœur ; elle a repris sa foi.
LEONORE.
Arrêtez. On pourroit en dire autant de moi.
C'est vous qui me jugez.
GERONTE.
     Quelle bizarrerie !
ORPHISE.
Oh ! Vous traitez toujours la vertu de folie.

SCENE V.
GERONTE, ORPHISE, DAMON, LEONORE, NERINE, FRONTIN.
FRONTIN à Damon.

Vos gens & vos chevaux, tout est prêt pour aller...
GERONTE.
Eh ! Ventrebleu, va-t-en les faire dételer,

SCENE VI. ET DERNIERE.

GERONTE, ORPHISE, DAMON, LEONORE; NERINE.

GERONTE à *Leonore*.

POurquoi s'abandonner au torrent des scrupules ?
De trop grands sentimens sont souvent ridicules.
Si c'étoit un époux tel qu'eût été Damon,
Passe ; mais ç'en est un qui n'en eut que le nom ;
Un jeune écervellé qui laisse sa compagne,
Et, pour libertiner, va battre la campagne ;
Que je ne connois point ; car ma sœur, Dieu merci,
Ne consultoit personne en tout, comme en ceci ;
Un homme, qui n'agit que par des émissaires,
Et n'ose se montrer que par ses gens d'affaires ;
Qui, lorsqu'on le croit mort, revient après douze ans
Pour se démarier.

DAMON à *part*.
Quels rapports étonnans !

LEONORE.
Respectez ses malheurs.

DAMON.
Eh ! De grace, Madame....

GERONTE.
Voilà pourtant l'époux que ma Niéce réclame ?

COMEDIE. 95
DAMON.

Peut-on sçavoir le nom . . . . .
LEONORE.
Ne le sçachez jamais.
DAMON.

Ne me refusez pas. . . .
LEONORE.
J'entrevois vos projets;
Et le coupable espoir que vous gardez encore.
Voulez-vous achever de perdre Léonore ?
Son repos, son honneur devroient bien vous toucher.
DAMON.

Sous ce nom étranger, cessez de vous cacher.
Vous vous nommez Silvie, & non pas Léonore.
Que n'êtes-vous aussi l'épouse de Sainflore ?
LEONORE.
(à Damon qui se jette à ses genoux.)
Ah ! Qui m'a pû trahir ! . . . . Téméraire ! arrêtez.
Quelle horreur ! . . . . Laissez-moi. . . .
DAMON.
Madame, permettez. . . . .
ORPHISE.

Damon, y songez-vous ?
NERINE.
Pour le coup, il s'oublie.
DAMON.

Je renais. . . . Ah ! Madame. . . . Ah ! Ma chere Silvie. . . .

(*Il donne un papier à Geronte.*)   (*à Leonore.*)
Tenez..... Je suis...... Voilà votre consentement :
Retrouvez un époux dans le plus tendre amant.

GERONTE.

Voyons donc.

LEONORE.

Vous, Sainflore ?

ORPHISE.

Ah, grand Dieu !

GERONTE.

C'est lui-même;

LEONORE.

O sort trop fortuné ! C'est mon époux que j'aime.

GERONTE.

La bonne antipathie ! Ah ! Gardez-là toujours,
Haïssez-vous ainsi, le reste de vos jours.

Fin de la Comédie.

LA CRITIQUE

LA CRITIQUE

DE

LA FAUSSE

ANTIPATHIE,

COMÉDIE.

En vers, & en un acte.

ACTEURS DE LA CRITIQUE.

MOMUS.
MELPOMENE.
THALIE.
L'IMAGINATION.
L'INTRIGUE.
DEUX GENIES.
LE DENOUEMENT.

La Scene est sur le mont Parnasse.

LA CRITIQUE
DE
LA FAUSSE
ANTIPATHIE,
COMÉDIE.
En Vers, & en un Acte.

SCENE PREMIERE.
MOMUS *seul.*

UF! Respirons. Enfin j'y suis.
Voilà donc le Parnasse. O, le charmant pays!
C'est ici que l'esprit est toujours en délire,
Le bon sens à la gène, & la raison aux fers.

Ce petit coin du monde apprête plus à rire
    Que le reste de l'univers.
Or sus, exécutons le projet qui m'améne ;
C'est pour raccommoder Thalie & Melpoméne.
Je suis constitué Juge en dernier ressort.
Momus, juge ! Et pourquoi m'en étonner si fort ?
Est-ce donc un emploi de si grande importance ?
Ici, tous les procès sont de ma compétance :
Un rimeur, dans son art un peu trop à l'étroit,
Ou, pour dire encor mieux, un peu trop mal adroit,
Aura mis un sens louche, une phrase nouvelle ;
Une diphtongue aura froissé quelque voyelle :
On en jette pour elle aussi-tôt les hauts cris.
On aura quelque part omis une virgule ;
Que sçais-je ? On aura pas mis les point sur les is,
Aussi-tôt cela forme un procès ridicule,
Un partage, un divorce, un grabuge enragé,
Où souvent le bon sens n'est pas trop ménagé.
Le débat d'aujourd'hui vient d'une comédie,
Que l'on nomme, je crois, la Fausse Antipathie :
Thalie & Melpoméne, en la désavoüant,
S'imputent toutes deux cet équivoque enfant.
Je vais avoir affaire à d'étranges espéces ;
Car on m'a prévenu, qu'avec ces deux déesses,
L'imagination & l'intrigue, dit-on,
Avec le dénoüement vont paroître en personne.
Ah ! Parbleu cette engeance est nouvelle & bouf-
    fonne ;

DE LA FAUSSE ANTIPATHIE.

Il en naît tous les jours sur le mont-Helicon.
Ne seroit-ce point-là ces nouvelles espéces ?

SCENE II.

MOMUS, L'IMAGINATION, L'INTRIGUE.

L'IMAGINATION.

J'Interviens au procès dont il s'agit ici.
L'INTRIGUE.
Par conséquent, j'en suis aussi.
MOMUS.
Avez-vous des moyens, des titres, & des piéces ?
L'IMAGINATION.
Ah ! Si nous en avons !
MOMUS.
Voyons donc ce que c'est.
D'abord, qu'êtes-vous, s'il vous plait ?
L'IMAGINATION.
Soudaine, impétueuse, imprévûë, infinie,
Je suis l'être, la vie, & l'ame du génie.
Heureux l'esprit, en qui l'on me voit dominer !
MOMUS.
Vous le menez grand train.
L'IMAGINATION.
Je fais imaginer.
J'y mets ce feu divin, cette féconde yvresse

Qui développe, & fait valoir ses facultés:
Je l'éleve au-dessus de sa propre foiblesse,
Au-dessus de l'art même, & des difficultés.

MOMUS à l'Intrigue.

Et vous, mignone! Hé bien? Quelle est votre manie?

L'INTRIGUE.

Je fournis aux mortels l'adresse, l'industrie,
Les ressorts, la tournure, & ce manége heureux,
Qui force la fortune à seconder leurs vœux.

L'IMAGINATION.

J'enyvre les mortels des plus douces idées.
Et qu'importe, après tout, qu'elles soient mal-fondées?
Je les promene au gré de leurs propres désirs;
Je mesure à leur goût leur joye & leurs plaisirs.
Je fais plus. Je nourris, avec un soin extrême,
La bonne opinion que l'on a de soi-même.
Par exemple; je fais qu'un auteur éconduit
N'impute ses revers qu'au malheur qui le suit;
Je le rends insensible au sifflet qui le berne;
Et j'encourage encor sa verve subalterne
A braver le public justement irrité.

MOMUS.

Palsambleu, vous avez bien de la charité.
(à l'Intrigue.)
Et vous?

L'INTRIGUE.
Je suis sa sœur. Si je ne l'accompagne,

DE LA FAUSSE ANTIPATHIE.

Elle ne fait souvent que battre la campagne.

MOMUS.

Mais quel est votre nom ?

L'INTRIGUE.

Sans vous le décliner,
Ecoutez seulement, vous l'allez deviner.

MOMUS.

Voyons.

L'INTRIGUE.

Je sers l'amour, la gloire, & la fortune ;
J'accorde à qui me plaît, les graces, les emplois ;
Je gouverne à mon gré cette foule importune
D'esclaves attachés à la suite des rois :
Voilà mon centre, & c'est surtout où je m'exerce ;
J'y fais mouvoir un peuple adroit, souple & rusé ;
Là, chacun, l'un par l'autre est toujours abusé :
Tel y croit renverser celui qui le renverse.
Pour parvenir à tout, j'enseigne les moyens ;
J'entretiens en secret parmi ces citoyens
Une éternelle concurrence ;
[Heureux, si le mérite obtient la préférence !]
J'agis pour & contre à la fois.
Le mystére est surtout l'ame de mes exploits.
La plus fine manœuvre, & la mieux inventée,
Dès qu'elle éclate un peu, ne peut plus réüssir ;
Je m'évapore, ainsi qu'une mine éventée.

MOMUS.

Vous commencez à m'éclaircir.

C'est vous qui tracassez à la cour, à la ville,
Et qui mettez en vogue, ainsi qu'un vaudeville,
Bien des gens, qui d'ailleurs ne sont pas ce qu'on dit?
L'INTRIGUE.
Oüi, j'en fais des héros ; cela me divertit.
MOMUS à l'Imagination.
Vous flatez deux amans, dont l'amour est extrême,
Qu'ils s'aimeront toujours de même ?
L'IMAGINATION.
Oüi. J'unis au présent un futur plein d'attraits,
L'imagination acquite l'espérance,
En les faisant joüir d'avance
D'un avenir heureux qui ne sera jamais.
MOMUS à l'Intrigue.
Pour & contre l'hymen vous tendez vos filets ?
L'INTRIGUE.
Oüi, j'aime à marier ; c'est à quoi je me plais.
MOMUS.
Bien, ou mal, il n'importe. Heureux, qui vous échape !
L'IMAGINATION.
Est-ce qu'on se marie, à moins qu'on ne s'attrape ?
MOMUS.
L'imagination sert chacun à son goût.
L'IMAGINATION.
Il est vrai, je la suis.
MOMUS.
   Et l'intrigue fait tout.

DE LA FAUSSE ANTIPATHIE.
L'INTRIGUE.
C'est votre humble servante.
MOMUS.
Heureux, qui vous rassemble !
Mais sur le double-mont qui vous améne ensemble ?
L'IMAGINATION.
Ah ! Vous nous demandez ce qui nous y conduit ?
Eh bien, vous avez l'air d'un juge fort instruit.
MOMUS.
A peu près comme un autre.
L'IMAGINATION.
Il faut donc vous apprendre
A quelle occasion nous venons nous y rendre.
Nous tenons toutes deux, au bas de ce valon,
Certain comptoir, ouvert aux enfans d'Apollon ;
Où, suivant ses besoins, chacun vient faire emplette
De tout ce qui convient au métier de poëte.
Pour moi, je leur fournis les titres, les projets,
Les canevas, les fonds, les plans, & les sujets :
Et tout cela, gratis.
MOMUS.
Oh ! Je m'en doute.
L'INTRIGUE.
Ensuite,
Ces messieurs ont recours à moi pour la conduite,
La distribution, l'ordre, l'agencement,
La mécanique, & la manœuvre.

L'IMAGINATION.

Puis, nous les envoyons après au dénoüement:
C'est notre frére. Il met la main derniere à l'œuvre;
Ainsi, nos gens pourvûs de ses conclusions,
  Vont, avec leurs provisions,
  Chercher, aux bords de l'hypocréne
  Thalie, ou sa sœur Melpoméne,
Qui brochent sur le tout, & leur donnent le ton.

L'INTRIGUE.

Oüi. C'est l'ordre établi sur le mont-Hélicon.

L'IMAGINATION.

Rien ne s'y fait sans nous. C'est pourquoi l'on nous mande,
Ma sœur, mon frere & moi, pour y rendre raison;
  D'une piéce de contrebande,
Que l'on a faite ici dans l'arriere-saison.

L'INTRIGUE.

Ah! Nous prouverons bien, que ni l'une ni l'autre
  Nous n'avons rien fourni du nôtre.

MOMUS.

Fort bien. Le dénoüement, pourquoi n'est-il point-là?

L'IMAGINATION.

C'est un traîneur qui va toujours cahin-caha;
On ne sçait avec lui, comment il faut s'y prendre:
Tantôt il vient trop tôt, & plus souvent, trop tard;
Quand il arrive à tems, c'est bien un grand hazard.

MOMUS.

Qu'on l'améne de force.

DE LA FAUSSE ANTIPATHIE.

L'IMAGINATION.

Ah ! C'est fort bien l'entendre.

SCENE III.

MOMUS, MELPOMENE, THALIE, L'IMAGINATION, L'INTRIGUE.

MELPOMENE.

Quoi ! C'est-là notre Juge ?

MOMUS.

Oüi. J'aurai cet honneur,

(*Montrant sa marotte.*)

Et voilà votre rapporteur.

MELPOMENE.

Quand le maître des dieux seroit venu lui-même,
Il n'eût pas dérogé de sa grandeur suprême.

THALIE.

Au contraire.

MOMUS.

Sans contredit,
Jupiter auroit dû se faire bel-esprit.
J'aimerois bien à voir le maître du tonnere
Abandonner le soin du ciel & de la terre,
Pour venir en ces lieux juger d'un madrigal.

MELPOMENE.

Ce dieu, tout grand qu'il est, ne seroit pas plus mal

De déposer sa foudre entre les mains des graces.
MOMUS.
Sœur tragique, ôtez vos échasses.
Au fait. Si vous voulez que je sois bien instruit,
Croyez-moi, laissez-là ce pompeux verbiage,
Qui vous emplit la bouche, & ne fait que du bruit.
Humanisez votre langage ;
Ou bien, laissez parler la sœur au brodequin.
MELPOMENE.
Oüi. Vous entendrez mieux son langage mesquin.
THALIE.
Ce langage mesquin ? Vous auriez dû l'apprendre,
Puisque, sur mon district, vous osez entreprendre.
MOMUS.
Vous n'avez pas raison.
MELPOMENE.
Quoi ! Vous récriminez ?
MOMUS.
C'est un mauvais moyen.
THALIE.
Quoi ! Vous me soutenez....
MELPOMENE à *Momus*.
Vous êtes prévenu.
MOMUS.
Qui, moi ? Quelle apparence ?
MELPOMENE.
Vous m'êtes suspect.

DE LA FAUSSE ANTIPATHIE.

THALIE.
Moi, j'en appelle d'avance.

MOMUS.
A la folie, apparemment ?
Querellez-vous suffisamment.
Quand vous n'aurez plus rien d'inutile à vous dire,
Peut-être que du fait vous daignerez m'instruire.

THALIE.
Il est simple.

MELPOMENE.
Il est grave.

THALIE.
Il est traître.

MELPOMENE.
Il est noir.
En quatre mots.....

THALIE.
En deux....

MELPOMENE & THALIE.
Vous allez le sçavoir.

THALIE.
Elle veut désormais faire la comédie.

MELPOMENE.
Elle veut désormais faire la tragédie.

THALIE.
Elle a mis sous mon nom....

MELPOMENE.
Elle a mis sous le mien

Une piéce ....
THALIE.
Ah! N'en croyez rien,
MELPOMENE.
C'est un fait.
THALIE.
Il est faux.
MELPOMENE.
Ce n'est pas moi.
THALIE.
C'est elle.
MELPOMENE & THALIE *ensemble.*
Oh! Parlez donc toujours, babillarde éternelle.
MOMUS.
Courage! On n'a raison qu'autant qu'on fait de bruit.
Ma foi, c'est une médisance
Quand on dit que l'on peut dormir à l'audiance.
THALIE.
Eh bien, jugez-nous donc.
MOMUS.
Vous avez donc tout dit?
MELPOMENE.
On m'attribuë, à moi, certaine comédie ....
THALIE.
On prétend que j'ai fait la fausse antipathie.
MOMUS.
Oüi, sur l'olimpe elle a paru, ces jours passés.

THALIE.

On la dit d'une espéce à qui rien ne reſſemble :
C'eſt tout bien, & tout mal ; & tous les deux enſemble.

MELPOMENE.

A qui l'imputez-vous ?

MOMUS.

Mais, vous m'embarraſſez;
Le ſtile eſt équivoque, un peu trop dramatique ;
Et pour mieux dire, il eſt épi-comi-tragique.

L'IMAGINATION.

Pour moi, je m'en lave les mains.

MOMUS.

On croiroit qu'à vous deux vous avez fait la piéce.

THALIE.

Ce ridicule accord déplairoit aux humains.

MELPOMENE.

Quoi ! L'on m'imputeroit la derniére baſſeſſe ?
Victime d'un ſoupçon devenu criminel,
On veut m'envelopper d'un opprobre éternel ?

MOMUS.

Doucement. Ces lambeaux que vous venez de dire,
Sont dedans, mot à mot.

THALIE.

Ils ont dû faire rire.
Ce n'eſt point-là mon ſtile ; il eſt un peu moins haut,
De la proſe rimée eſt tout ce qu'il me faut.

MELPOMENE.

Ils y sont ? Je l'ignore ; & l'on m'en fait un crime ?
Mon repos, mon honneur, tout en est la victime.

MOMUS.
(à Thalie, qui rit.)

Ces vers en sont encor. Vous aurez votre tour.
(à Melpoméne.)

Par exemple, une fille épouse sans amour
Quelqu'un, qui n'avoit point de goût pour l'hyménée;
Comment le faire dire à cette infortunée ?

MELPOMENE.

L'un & l'autre aux autels nous fûmes entrainés ;
L'un & l'autre à regret nous fûmes enchaînés.

MOMUS.

Bravo !

THALIE.

Moi, j'aurois dit avec moins d'étalage,
Ce ne fut point l'amour qui nous mit en ménage.

MOMUS.

Vous sçavez toutes deux cette piéce par cœur :
En se justifiant l'un & l'autre l'avoüe.

MELPOMENE.

C'est un vol qu'on m'a fait.

THALIE.
C'est un tour qu'on me joüe.

MOMUS.

Allons, à frais communs partagez-en l'honneur.

MELPOMENE,

DE LA FAUSSE ANTIPATHIE.

MELPOMENE.

Que vais-je devenir ? Le bruit va s'en répandre ;
Momus ira le dire à qui voudra l'entendre.

THALIE.

Et l'on n'en croira rien.

MELPONENE.

     Ah ! Quelle est votre erreur !
C'est le fort du métier. On m'en croira l'auteur.
Tout ce qui peut nous nuire, ou nous perdre, est
 croyable.
Qu'il paroisse un ouvrage absurde & pitoyable,
On n'examine rien ; & la crédulité
Va toujours contre nous jusqu'à l'absurdité.

THALIE.

Je ne m'étonne plus qu'on donne à des poëtes
Des sottises de plus que celles qu'ils ont faites.
Je vois bien à présent qu'une muse d'honneur,
Avec son innocence, a besoin de bonheur.

MELPOMENE.

(à l'Imagination, & l'Intrigue.)

Mais vous autres, parlez. Quel est donc ce mystére ?
Rien ne se fait ici sans votre ministére.
Justifiez-vous donc de cette iniquité.

L'IMAGINATION.

Je vais dire la vérité.
Il est vrai que jadis j'eus part à cet ouvrage,
Aussi-bien qu'au prologue, & c'est un franc pillage.
A l'égard du prologue, il fut neuf autrefois ;

K

Et l'on a mis en vers ce qui n'étoit qu'en profe.
C'est qu'au Parnasse on vole ainsi que dans un bois.
L'INTRIGUE.
J'aurois donc corrigé le texte par la glose.
Je n'aurois pas produit des hommes & des dieux
Ensemble sur la scene ; & pour plus de justesse,
Je me serois réduite à l'une ou l'autre espéce.
Ce mélange-là jure à l'esprit comme aux yeux.
Il faut de l'unité parmi les personnages.
MOMUS.
L'auteur ignoroit-il des régles aussi sages ?
L'IMAGINATION.
C'est qu'il s'est ménagé de quoi se critiquer.
MOMUS.
Il a bien réüssi.
THALIE.
Daignez vous expliquer
Au sujet de la comédie.
On l'appelle, dit-on, la fausse antipathie.
Que veut dire ce titre ? Il est des plus nouveaux;
La fausse anthipathie !
L'IMAGINATION.
Hé bien, le titre est faux.
MOMUS.
J'imagine l'entendre, ou du moins je l'admire.
L'IMAGINATION.
Ainsi, comme je viens de dire,
J'imaginai jadis la piéce d'aujourd'hui,

DE LA FAUSSE ANTIPATHIE.

Ou tout au moins l'idée. Elle est le bien d'autrui.

MOMUS.
Est-il quelqu'un qui la reclame ?

L'IMAGINATION.
Madame, par hazard, n'êtes-vous point ma femme ?
Monsieur, par avanture, êtes-vous mon mari ?

THALIE.
Ah ! Ah ! C'est dans Démocrite.

L'IMAGINATION.
Oüi.

C'étoit un épisode, une scene grotesque,
Qu'on a fait devenir tout-à-fait romanesque.

MOMUS.
Mais pas tant ; ou du moins le roman n'est pas neuf ;
Au fond, c'est un mari qui voudroit être veuf ;
Rien de plus naturel. Sa femme, fille & veuve,
Voudroit, d'un autre hymen faire encore une épreuve ;
Rien de plus ordinaire.

L'INTRIGUE.
Oüi, par un grand narré
D'un domestique à l'autre, & fort mal préparé,
L'assemblée est d'abord très-bien endoctrinée.
La protase est surtout joliment amenée.

MOMUS.
La protase !

L'INTRIGUE.
Aristote enseigne à ce propos. . . .

MOMUS.

Vous vous gâtez la bouche avec de si grands mots.

L'IMAGINATION.

Si l'auteur eût daigné venir à notre école,
Sa supposition n'eût pas été si folle ;
Car enfin se peut-il que des gens mariés,
Poussent l'oubli jusqu'à ne se pas reconnoitre ?

MOMUS.

Cela seroit heureux, si cela pouvoit être.

L'INTRIGUE.

Quoi ! Lorsque par l'hymen, ils sont encore liez.

MOMUS.

L'hymen est fort sujet à manquer de memoire,
Et l'intrigue pourroit citer plus d'une histoire
De maints & maints époux les mieux appariés,
Qui se sont bien plus vite, & bien mieux oubliés.

L'IMAGINATION.

Vous plaisantez fort à votre aise :
Mais cela ne rend pas la piéce moins mauvaise ;
Quant à moi, sans entrer dans de plus longs débats,
Je dirai que ce n'est qu'une longue élégie.

L'INTRIGUE.

Ah ! Si j'avois eu part à cette comédie,
On y rencontreroit tout ce qu'on n'y voit pas :
Ces traits, ces incidens heureux & nécessaires ;
Cet aimable embarras qui vous tient en arrêt,
Et qui, de scéne en scéne augmentant l'intérêt,
Par des événemens qui paroissent contraires,

DE LA FAUSSE ANTIPATHIE.

Mène insensiblement l'action à son but.
MOMUS.
Bon, bon, ces piéces-là, si jamais il en fut,
Plairoient peut-être moins que d'autres moins parfaites.
   Ainsi dans l'idée où vous êtes,
Celle dont nous parlons n'eût pas dû réüssir.
L'IMAGINATION.
Le bonheur fait souvent le succès d'un ouvrage.
MOMUS.
J'ai donc eu bien du tort d'avoir eu du plaisir?
L'IMAGINATION.
Vous vous passez à peu.
MOMUS.
     J'en suis d'autant plus sage,
Morbleu, qu'on fasse donc venir le dénoüement :
Je ne sçaurois sans lui, rendre aucun jugement.
L'INTRIGUE.
Il a déja reçu trois ou quatre messages :
Il nous met tous les jours dans le même embarras.
L'IMAGINATION.
Il faut, en attendant qu'il traine ici ses pas,
Allonger la courroye, user de remplissages ;
Et, quand les spectateurs sont las de s'ennuyer,
Le drôle se réveille, & vient les renvoyer.
MOMUS.
Eh bien, qu'il vienne donc. Il se moque, je pense,
De nous laisser ainsi chomer à l'audiance :

Sinon, je vous appointe.
L'IMAGINATION.
Ah! C'est encore pis.

SCENE IV.

DEUX GENIES, LE DENOUEMENT, & les autres acteurs.

UN GENIE.

MArchez. Que de façons, la résistance est vaine.
Oüi, parbleu, mort ou vif, vous irez sur la scéne.

SCENE V.

MOMUS, MELPOMENE, THALIE, L'INTRIGUE, LE DENOUEMENT.

LE DENOUEMENT.

ME voici. Que veut-on? Peste soit du pays!
Morbleu, je suis bien las d'apprêter tant à rire.
Qu'est-ce? On m'accuse encore, à ce que j'entends dire:
De quoi donc, s'il vous plaît?

MOMUS.
N'êtes-vous pas celui
Qui termine, ou prévient l'inévitable ennui,

DE LA FAUSSE ANTIPATHIE.

Et qui fur l'une & l'autre fcéne
Tirez les fpectateurs & les auteurs de peine?

LE DENOUEMENT.
Ah! Ne me parlez plus de ce maudit emploi.

MOMUS.
Pourquoi? Vous avez fait un beau coup de partie.

LE DENOUEMENT.
Où?

MOMUS.
Dans la fauffe antipathie.
Vous l'avez dénoüée avec adreffe,

LE DENOUEMENT.
Moi?

MOMUS.
Oüi, parbleu. C'eft un coup de maître.
Comment! Il s'agiffoit de faire reconnoître
Deux époux, qui s'étoient oubliés à forfait.....
Oh! La reconnoiffance a fait un bel effet.

LE DENOUEMENT.
Sur la foi d'un écrit que l'on avoit en poche,
Reconnu par un oncle arrivé par le coche,
Le porteur s'eft trouvé, fans oppofition,
Eftre l'époux en queftion;
Je ne garantis pas qu'il foit le véritable.

L'IMAGINATION.
Mais pour eux, en tout cas, l'erreur eft profitable.

L'INTRIGUE.
Le public indulgent, ou las de s'ennuyer,

A suppléé sans doute à ce leger indice,
Et n'en eût pas voulu davantage essuyer ?
LE DENOUEMENT.
Pour moi, depuis long-tems j'ai quitté mon office.
MOMUS.
Pourquoi donc, s'il vous plaît ? Qui peut vous dégouter ?
LE DENOUEMENT.
C'est qu'enfin je suis las de tant me répéter
Tout paroît épuisé, graces à ces déesses ;
Aussi bien qu'aux auteurs bornés dans leur métier.
Peste soit de l'engeance, & de toutes leurs piéces,
Que je ne sçaurois plus bacler, sans employer
  Des catastrophes surannées,
  Décrépites & ramenées
Sur le théatre au moins cinq ou six fois par an !
Comptons. Pour dénoüer les sotises courantes,
Je n'ai que deux ou trois manieres différentes.
Tantôt, c'est un rival, un barbare, un tyran,
Qui va, par les forfaits signaler sa puissance ;
Mais enfin dont le cœur vient à résipiscence.
  Tantôt, je suis empoisonné ;
  Ou bien j'arrive assassiné
  Sur deux des miens qui me soulévent.
Je fais ma doléance, & les siflets l'achevent.
Une autrefois, je viens inconnu, déguisé,
Et la plûpart du tems fort mal dépaïsé.
J'envisage les gens, je lâche une équivoque,

DE LA FAUSSE ANTIPATHIE;

Sur quoi l'on m'en riposte une autre réciproque.
Je change de maintien. Je fais un *à-parté*
   Assez haut, pour être, à la ronde,
   Très-bien oüi de tout le monde ;
Mais que l'on ne doit pas entendre à mon côté.
Je me raproche alors. Je jase, l'on babille.
   On m'interroge, & je réponds.
   On se trouble, & je me confonds.
On insiste, j'hésite ; & , de fil en aiguille ,
Je me nomme ; on s'écrie, ah ! C'est vous ! Tout d'un tems
Je tombe aux pieds, ou bien je saute au cou des gens ;
   Maugrebleu des reconnoissances !
Je ne veux plus avoir ces sottes complaisances.
Ne comptez plus sur moi, je vous en avertis.
Je ne reconnoîtrai seulement pas mon pere.
   (*L'assemblée rit.*)
Je suis donc bien plaisant ? Vous ne rirez plus guére.
   (*à Thalie.*)
Oüi, m'amie ; avec vous, ma foi, c'est encore pis ;
   (*En montrant Melpoméme.*)
Avec elle on se tuë ; au moins cela varie.
Mais, morbleu, vous voulez toujours qu'on se marie ;
Je suis las d'endosser la robbe & le rabat,
De venir en notaire, avec un faux contrat,
   Excroquer une signature,
Une donation ; & dupper sans pudeur
Pere, mere, oncle, tante, ou quelque vieux tuteur,

I.

LA CRITIQUE
Et marier les gens, comme on dit, en peinture;
En un mot, ajustez vos flutes autrement.
Serviteur.

MOMUS.
Mais souffrez que l'on vous représente....
LE DENOUEMENT.
A commencer par la présente,
Les piéces désormais seront sans dénouëment.
Bon soir, & bonne nuit ; voilà ma révérence :
Faites la vôtre aussi.

(*Le dénouëment s'en va.*)
MOMUS.
Mais il s'en va, je pense ?
MELPOMENE, THALIE, L'IMAGINATION, L'INTRIGUE, *courant après le Dénoüment.*
Holà donc, arrêtez. Holà ?
MOMUS.
Courez après.
Palsambleu, jugera qui voudra vos procès.

Fin de la Critique.

www.ingramcontent.com/pod-product-compliance
Lightning Source LLC
Chambersburg PA
CBHW060207100426
42744CB00007B/1199